Russie-Turquie

Dirigé par
Isabelle Facon

Russie-Turquie

UN DÉFI À L'OCCIDENT ?

PASSÉS/COMPOSÉS

ISBN : 978-2-3793-3574-7
Dépôt légal – 1re édition : 2022, avril

170 bis, boulevard du Montparnasse, 75680 Paris cedex 14

Sommaire

Introduction

Isabelle Facon

En juillet 2021, lors d'une audition dans le cadre de l'*U.S. Senate Foreign Relations Committee,* Victoria Nuland, sous-secrétaire d'État américaine pour les Affaires politiques, notait, pour le déplorer, que la relation russo-turque s'était considérablement approfondie sous l'administration Trump. D'autres observateurs mettent plutôt l'accent sur les crises qui secouent cette relation à intervalles réguliers. Dans le présent ouvrage, certains parlent de « faux amis » ou de « meilleurs ennemis », d'autres hésitent entre les formules « compétition coopérative » et « coopération compétitive », exprimant toute l'ambiguïté des liens entre la Russie et la Turquie... En fait, un siècle après les traités russo-turcs de 1921, les spécialistes des relations internationales peinent à caractériser le rapport Ankara-Moscou, comme s'ils ressentaient confusément que dans un contexte international en pleine évolution, l'analyser au prisme de la rivalité historique entre les deux pays, qui certes pèse dans les perceptions mutuelles, ne constituait pas une clé de lecture suffisante, absolue.

Au fil des siècles, la Russie, qui s'est prétendue l'héritière de Byzance, et la Turquie se sont livré une quinzaine de guerres, et sont restées rivales dans le Caucase jusqu'à la Première Guerre mondiale. La courte parenthèse d'entente entre la Turquie kémaliste et la jeune URSS a rapidement été fermée par les différends de la Seconde Guerre mondiale et, surtout, l'antagonisme de la guerre froide (la Turquie devenant membre de l'OTAN en 1952). Cependant, les guerres russo-turques ont été suivies de périodes de paix, amenant les deux acteurs à s'accorder sur des enjeux territoriaux (généralement sans grande considération pour les populations concernées) ou à se rejoindre pour faire face aux ambitions d'autres puissances. Depuis l'éclatement de l'URSS, et jusqu'à la guerre en Syrie, les deux pays ont insensiblement cherché à améliorer leurs rapports, en développant leur volet économique et en restant discrets sur les enjeux les divisant, dans un contexte les voyant chacun prendre inexorablement du champ par rapport aux pays occidentaux.

Dernièrement, on a pu avoir l'impression que l'alternance confrontation-paix a pris un tempo accéléré, compliquant encore l'analyse de la direction que pourrait prendre cette relation complexe. La guerre en Syrie a dans un premier temps porté un coup fort au partenariat russo-turc, mais les deux acteurs y ont trouvé le moyen d'y coopérer sur des enjeux politiques clés. La Russie soutient le régime syrien, militairement à partir de l'automne 2015 ; la Turquie veut son remplacement. En novembre 2015, peu de temps après le début de la campagne militaire de la Russie en Syrie, un de ses avions de combat est abattu après avoir franchi l'espace aérien de la Turquie, suscitant un refroidissement considérable de la relation bilatérale, que n'apaisera pas complètement la lettre d'excuses de Recep Tayyip Erdogan (juin 2016).

Quelque temps plus tard, renversement d'ambiance, le président Poutine exprime son soutien à son homologue turc, confronté à une tentative de coup d'État (il se dit même que le second en aurait été prévenu par le premier). Un an après, c'est la signature du contrat S-400 (ces mêmes systèmes que la Russie décida de déployer sur la base de Hmeimim après que la Turquie eut abattu son Su-24), possible symbole d'une évolution vers un partenariat stratégique. Les tensions à propos de la Syrie n'ont pas mis en cause la construction, qui a commencé en 2019, de la première centrale nucléaire turque à Akkuyu par la corporation d'État russe Rosatom, ni celle du gazoduc *TurkStream* (inauguré en janvier 2020 en présence des deux chefs d'État). Avant et après ces événements, les deux pays n'ont pas cessé de se disputer sur le sort de la Syrie et, à certains moments, fin 2019 à début 2020, les observateurs internationaux spéculèrent régulièrement sur le caractère inévitable d'une confrontation entre forces turques et russes sur le terrain, en particulier à Idlib, poche aux mains des mercenaires islamistes sous contrôle de la Turquie. Pourtant, les deux pays s'accordent aussi sur des patrouilles conjointes. Quand le président Poutine affirme à son homologue Erdogan, en visite à Sotchi en octobre 2019, que l'intégrité territoriale de la Syrie doit impérativement être préservée, il vise les opérations des Turcs dans le nord syrien, dont il dit espérer qu'elles ne constitueront pas une opportunité pour les membres de l'État islamique prisonniers des Kurdes. Mais il dit aussi comprendre les préoccupations d'Ankara concernant la poussée du séparatisme le long de ses frontières et son souci de prendre des mesures pour assurer sa sécurité.

Et c'est bien ensemble que les deux pays travaillent, avec l'Iran, à un règlement politique dans le cadre du format diplomatique dit « d'Astana », qui marginalise les pays occidentaux. Au bout du compte, la Russie s'est montrée relativement arrangeante par rapport aux opérations turques en Syrie, tandis que sa coopération avec elle sur ce terrain lui a probablement offert des leviers plus nombreux pour contrôler les forces anti-Assad. Si bien que, fin septembre 2021, lors d'une nouvelle rencontre présidentielle à Sotchi organisée pour faire face au regain de tension sur le sort d'Idlib, le président Erdogan peut affirmer que la paix en Syrie et dans la région « dépend des relations russo-turques ».

Sur le terrain libyen, où les deux pays soutiennent des parties opposées, on ne constate pas entre eux la même asymétrie – en termes d'emprise sur le cours des événements – qu'en Syrie, qui voit l'acteur russe en position de force. Leur rivalité en Libye présente en tout cas le même jeu d'images contradictoires. Le chef d'État turc a suggéré aux Russes, en substance, de revoir leur position sur leur soutien au maréchal Haftar, qui a été un élément dimensionnant dans l'évolution de la présence de la Turquie en Libye. Malgré tout, les tensions russo-turques sur ce théâtre n'en ont jamais vraiment débordé le cadre, et n'ont pas empêché les autorités des deux États d'échanger fréquemment sur le sujet – sans doute parce qu'Ankara, soumise en Libye à de nombreuses contre-influences, perçoit que celle de la Russie est la plus « gérable » et la plus « valorisable ». Même s'ils ont échoué, le fait qu'ils ont parrainé, en janvier 2020, des pourparlers à Moscou, en présence des deux chefs d'État, et avant la conférence de Berlin, pour tenter la négociation d'un cessez-le-feu entre les rivaux libyens est en soi édifiant. Et à la suite de la rencontre Erdogan-Poutine de septembre 2021, les observateurs russes supposaient que les deux pays étaient surtout déterminés à empêcher des « ingérences occidentales » dans les élections libyennes à venir en décembre. Dans le Caucase également, on aurait pu s'attendre à ce que, à l'automne 2020, le soutien apporté par la Turquie à l'Azerbaïdjan contre les Arméniens, alliés de Moscou, dérangeât cette dernière, qui avait mis Ankara et Bakou en garde contre toute solution militaire au conflit du Haut-Karabakh. Elle manifesta d'ailleurs sa mauvaise humeur en bombardant à Idlib des camps d'entraînement de « volontaires » se préparant à partir combattre aux côtés de l'Azerbaïdjan[1]. Mais finalement, la Russie et la Turquie, une fois la « paix russe » instaurée en novembre 2020, mirent en place, en janvier 2021, un centre conjoint de surveillance de respect du cessez-le-feu dans le district d'Agdam (Azerbaïdjan), cela bien que la Turquie ne fût pas signataire des accords de cessez-le-feu.

Ainsi, quoique n'étant pas précisément sur la même longueur d'ondes sur ces trois théâtres, où les drones turcs ont pu mettre à mal la « légendaire » efficacité des systèmes antiaériens russes, et malgré l'existence de sujets de désaccord fort (les Frères musulmans figurent dans la liste des groupes terroristes de la Russie, au contraire du PKK[2] ; la capitale russe abrite depuis 2016 un bureau de représentation des Kurdes de Syrie), Moscou et Ankara n'en cherchent pas moins à projeter l'image d'un pragmatisme de bon aloi, s'attachant à compartimenter leurs relations. Pour en mesurer la solidité et en anticiper les possibles effets à plus long terme, il semble utile de s'interroger sur les facteurs et les motivations de la résistance de cette relation russo-turque à toutes les crises qui la traversent, résistance qui semble exprimer une volonté des deux États de la protéger. Déjà, Vladimir Poutine et Recep Tayyip Erdogan, qui se sont parlé vingt-deux fois au téléphone entre leur dernière entrevue avant que la pandémie ne limitât leurs déplacements (mars 2020) et leur dernière rencontre en date à Sotchi (septembre 2021)[3], affichent une assez bonne entente personnelle. Lors de sa conférence de presse annuelle, en décembre 2020, juste après la guerre du Haut-Karabakh qui vit la défaite de son allié arménien, le président russe s'ouvrait de son appréciation positive de son homologue turc :

> Nos vues divergent actuellement sur certaines questions [...]. Peut-être, parfois, [avons-nous] des vues opposées. Mais c'est une personne qui tient parole [...]. S'il considère que telle ou telle chose est profitable pour son pays, il y va jusqu'au bout. C'est un élément de prévisibilité, c'est très important pour comprendre à qui on a affaire.

Quant à Erdogan, il a jugé inacceptable que le président Biden ait acquiescé quand un journaliste lui a demandé si son homologue russe était un tueur... Le durcissement du régime turc a produit une plus grande convergence avec le « modèle de stabilité politique » russe. Tous deux au pouvoir depuis une vingtaine d'années, les présidents, appréhendant les oppositions selon une grille de lecture proche et leur réservant un traitement répressif similaire, parlent un langage assez identique, *a fortiori* depuis la tentative de coup d'État en Turquie, sur la menace d'ingérence extérieure occidentale.

Les élites des deux pays partagent aussi, évidemment selon des prismes et des angles d'analyse différents, une déception quant à la relation avec l'Occident, qui aurait fait fi de leur désir d'intégration. C'est ce qui amène le président Erdogan à prétendre envisager la possibilité de faire entrer un jour son pays dans l'Organisation de coopération de Shanghai (OCS), qu'il tend à présenter comme une alternative eurasiatique à l'intégration européenne. Intéressée par l'image politique que ce dessein, à ce stade peu crédible, peut projeter, Moscou, toujours en quête d'un affaiblissement de la famille otanienne, a d'ailleurs milité pour que fût confiée, en 2017, la présidence du Club de l'énergie de l'OCS à la Turquie, qui pour l'instant n'est que partenaire de dialogue de l'organisation. Les sanctions occidentales envers les deux pays ont contribué à les rapprocher (Ankara, tout en déplorant l'annexion de la Crimée, n'a pas suivi les Alliés sur les sanctions à l'encontre de Moscou). De ce point de vue, la Russie a très bien joué ses cartes au moment du coup d'État manqué de juillet 2016, Erdogan reprochant aux États-Unis de ne pas extrader Fethullah Gülen, accusé d'en être à l'origine. L'assassinat, en décembre 2016, de l'ambassadeur russe en Turquie, Boris Karlov, dont on aurait pu penser qu'il donnerait un coup de tension supplémentaire aux liens russo-turcs, ne les a pas compromis, les deux pays s'accordant à rattacher l'événement à la mouvance Gülen et le gouvernement russe y voyant une tentative de déstabilisation du lien Russie-Turquie.

Autre point commun, la préoccupation des deux États de défendre des ambitions internationales affirmées, en déployant des narratifs et des outils d'influence similaires (arguments historiques et civilisationnels, déploiements militaires et de « mercenaires », action dans le domaine de l'information et dans le cyberespace...), pourrait avoir des effets plus ambivalents. Cela peut leur donner des bases pour une plus grande compréhension mutuelle mais aussi attiser leur rivalité dans certains coins du monde. Pour l'instant cependant, même sur les théâtres compliqués, un facteur de convergence fort semble résider dans le souci de limiter les marges de manœuvre des pays occidentaux. Est-ce pour cela que dans la presse russe, certains considèrent qu'en 2020, Russie et Turquie ont « élargi leur coopération régionale » en Syrie, en Libye, dans le Caucase[4] ?

Cela recoupe en tout cas l'analyse de Josep Borrell, qui déplorait, en décembre 2020, alors que la Turquie multipliait les provocations en Méditerranée, que

> [d]ans des conflits comme le Haut-Karabakh, la Libye ou la Syrie, nous assistons à une forme d'"astanisation" (en référence au format Astana sur la Syrie) qui conduit à l'exclusion de l'Europe du règlement des conflits régionaux au profit de la Russie et de la Turquie. La nature a horreur du vide : nous risquons de voir ainsi s'établir des bases militaires russes et turques en Libye à quelques kilomètres de nos côtes[5].

Des analystes s'inquiètent, à tort ou à raison, de la perspective d'actions conjointes russo-turques, à terme, en mer Noire et en Méditerranée. Lors de l'audition de

Victoria Nuland évoquée au début de cette introduction, le sénateur républicain Mitt Romney lui demanda si elle était en mesure de qualifier la relation entre la Russie et la Turquie, entre leurs deux présidents : « Sont-elles étroites ? Sont-elles coopératives ? Est-ce qu'Erdogan espère jouer l'UE et les États-Unis contre la Russie ? Ou la relation va-t-elle vraiment fortement dans la direction » d'un partenariat étroit et structuré ? À quoi la sous-secrétaire d'État répondit que l'intérêt des États-Unis était « de renforcer la place de la Turquie et du peuple turc avec nous, autant que possible, dans la famille transatlantique et de l'OTAN », et d'empêcher l'accroissement de sa coopération et de sa dépendance à l'égard de la Russie en tous domaines (énergie, sécurité, etc.), tout en affirmant ressentir, du côté d'Ankara, des regrets quant aux récents choix faits dans sa relation avec Moscou.

Pour y voir plus clair, cet ouvrage se propose d'étudier un certain nombre de facettes de cette relation, de l'économie à l'armement et la défense en passant par les interactions entre les deux États sur différents théâtres régionaux et face à des acteurs clés du jeu international. Cette analyse devant aider à mesurer la profondeur de l'actuel partenariat Moscou-Ankara, la solidité de ses motivations, et, partant, sa possible évolution dans le temps long, et permettre de vérifier si l'inquiétude des Européens et des Américains qu'il suscite est justifiée ou si, au contraire, leur vigilance à ce sujet est insuffisante.

Bibliographie sélective

Bechev, Dimitar et Köstem, Seçkin, « Russia-Turkey Relations », *Russian Analytical Digest*, n° 270, 4 juillet 2021.

Hearing on U.S. Policy on Turkey, Testimony of Undersecretary Victoria Nuland, Senate Foreign Relations Committee, 21 juillet 2021.

Secrieru, Stanislav, Saari, Sinikukka et Bechev, Dimitar, « Fire and Ice. The Russian-Turkish Partnership », *Chaillot Papers* (Institut d'études de sécurité de l'UE), n° 168, juin 2021.

Isachenko, Daria, « Turkey-Russia Partnership in the War over Nagorno-Karabakh », *SWP Comment*, n° 53, novembre 2020.

CHAPITRE 1

Russes et Turcs, les meilleurs ennemis ? (1)

Des conflits de frontières aux guerres régionales

Claire Mouradian

Lors de la guerre du Haut-Karabakh de l'automne 2020, certains analystes de la géopolitique régionale se sont étonnés du rapprochement entre la Russie de Poutine et la Turquie d'Erdogan, marqué par l'accord de cessez-le-feu du 9 novembre 2020 avec un partage des zones d'influence au Caucase, au détriment des Arméniens, alliés « stratégiques » de Moscou. Ce rapprochement s'est pourtant illustré à plusieurs reprises au cours des dernières années. Pour les historiens de la longue durée, cette accointance semble aller à l'encontre de l'idée d'« ennemi héréditaire » pour deux puissances qui, depuis le XVIe siècle, se sont combattues régulièrement (et souvent férocement) au cours de treize guerres.

Mais treize guerres signifient aussi treize « paix », qui s'ajoutent à des siècles d'échanges variés et de relations à la cordialité certes variable, dont le temps dépasse très largement soixante-dix années d'engagements militaires (si on les met bout à bout, sans tenir compte du fait qu'ils ne furent pas continus). Au lendemain de la Seconde Guerre mondiale, en introduction d'un court article de synthèse « Russie et Turquie », l'ancien diplomate et historien de l'empire tsariste finissant, Constantin de Grunwald, citait la réflexion de l'ambassadeur du tsar à Constantinople en 1839, selon qui « la Russie n'a pas de milieu à prendre entre deux rôles, être le premier ami ou le premier ennemi de la Porte », un mot qui, selon Grunwald, « reste toujours vrai : à travers deux siècles, l'alternative s'est posée à chaque tournant de la grande politique internationale »[1].

Aux origines de la « rencontre » entre le monde turc et le monde slave

Il ne peut être question de retracer ici le détail de plusieurs siècles de relations tumultueuses, juste de proposer quelques repères et constantes. On ne remontera pas non plus, sinon pour mémoire et en raison de la persistance de l'ombre du passé chez les protagonistes, aux raids, invasions et dominations de l'Empire mongol et de ses États successeurs sur les villes de l'ancienne Rus' - Kiev, Vladimir, Novgorod, Tver, Moscou, etc. - avec quelques épisodes glorieux, chers à l'historiographie nationale russe, comme la bataille victorieuse de Koulikovo (1380), menée par le grand-prince de Moscou, Dimitri Donskoï (1350/1359-1389), sanctifié par l'Église orthodoxe (et dont on baptisa un bataillon soviétique pendant la « Grande Guerre patriotique »). Il faudra encore un siècle pour qu'en 1480, après avoir soumis à Moscou les principales villes-États russes, Ivan III (1440/1462-1505), allié au khan de Crimée, cesse de payer le tribut à la Horde d'Or en cours de fragmentation. Quelques décennies plus tard, faites d'alliances éphémères et de conflits récurrents avec les khanats issus de l'éclatement de l'Empire mongol, son petit-fils, Ivan IV le Terrible (1530-1584), premier « tsar » (César) de Russie (1547), met en déroute les Tatars de Crimée, clients de l'Empire ottoman, et s'empare des khanats de Kazan (1552) et d'Astrakhan (1556). D'Astrakhan, situé à l'embouchure de la Volga sur la Caspienne, les Russes traversent la mer et pénètrent au Caucase, par le fleuve Terek. Une première forteresse, Terki, est érigée à son embouchure dès 1558.

C'est donc d'abord au Caucase qu'à l'époque moderne a lieu la « rencontre » directe entre l'Empire russe, en formation, avec deux autres jeunes empires sous le règne de récentes dynasties turciques, l'une sunnite (celle d'Osman), l'autre chiite (issue d'Ismaïl Sefevi). L'Empire ottoman, à son apogée sous Soliman le Magnifique (1494/1520-1566), est en rivalité depuis plusieurs décennies avec la Perse, qui connaîtra aussi son âge d'or sous Chah Abbas Ier (1571/1587-1629). Entre les XVIe et XIXe siècles, neuf guerres opposent Ottomans et Persans pour le contrôle du Caucase et de la Mésopotamie[2]. Avec l'arrivée de la Russie se dessine la configuration triangulaire des puissances régionales qui perdure à ce jour. Quatre guerres russo-persanes se déroulent au Caucase[3]. C'est sur ce théâtre, mais aussi, plus largement, des Balkans à l'Asie centrale, de la mer Noire à la Caspienne, qu'ont lieu les treize guerres entre Russes et Turcs qui se disputent l'héritage de Byzance et de la Horde d'Or. Plusieurs de ces conflits s'imbriquent avec ceux contre la Perse ou les puissances européennes[4].

Dans l'intervalle de deux guerres ouvertes, d'autres, à plus faible bruit, les opposent par États vassaux interposés ou à travers le soutien apporté à des mouvements d'émancipation nationale, à des oppositions politiques, à des courants d'idées ou des confessions religieuses. La concurrence pour l'influence passe également par les guerres économiques aux formes différentes selon les époques, de la pratique de la terre brûlée au blocus organisé, sans compter les jeux d'alliance de revers avec les adversaires respectifs. L'expansion territoriale continue de la Russie, presque toujours victorieuse (onze fois sur treize), en constitue bien sûr le dénouement le plus visible sur la carte, en grande partie au détriment de l'Empire ottoman ou de sa zone d'influence. L'issue de la bataille diplomatique est plus ambiguë.

Guerres de territoires

Pour la plupart des historiens classiques de la Question d'Orient ou des géostratégiciens modernes des espaces maritimes, le contrôle de la mer Noire et des Détroits constitue le pivot des relations entre les deux pays, au cœur des variations de leurs alliances bilatérales et des coalitions européennes. Depuis Pierre le Grand, premier « Empereur de toutes les Russies » (1721) et fondateur de la Marine impériale, l'ouverture de « fenêtres » sur les mers (Baltique, Noire, Caspienne), et, au-delà, leur transformation en « lacs russes » pour accéder au rang de puissance commerciale et maritime apparaissent comme des visées géostratégiques persistantes de la politique russe. Au sud, la conquête d'Astrakhan (1556), à l'embouchure de la Volga sur la Caspienne, en fut le premier pas sous Ivan IV. Le second, sous Pierre le Grand, fut la prise des forteresses gardant les embouchures de deux autres fleuves importants de la Russie méridionale sur la mer Noire, Azov (Don) et Kazykerman (Dniepr), au terme de deux campagnes (1695, 1696) dans le cadre d'une coalition européenne (Autriche, Pologne, Venise) contre l'Empire ottoman (1683-1700).

En raison de sa dimension multilatérale et des intérêts rivaux de puissants voisins européens dont l'Empire ottoman pouvait tirer parti, la poussée vers la mer Noire ne fut pas si facile. Elle connut maints revers et fut souvent contrariée. Outre la victoire sur l'espace et les armées ennemies, la consolidation diplomatique des conquêtes exigea parfois plus de temps que les conquêtes elles-mêmes, selon l'historien de la formation de l'Empire russe, Boris Nolde. Des acquis de la paix de Karlowitz (janvier 1699), dont Kertch et Kazykerman, durent être rétrocédés au traité de Constantinople (13 juin 1700), ou redéfinis lors de conventions ultérieures (1704, 1705, 1710), avant d'être annulés après des victoires ottomanes (traités de Pruth, 1711, et de Constantinople, 1712). Azov fut restituée, puis reprise, mais sans que la Russie pût y édifier des fortifications (convention de Nyssa, 3 octobre 1739). Elle ne serait définitivement acquise que sous le règne de Catherine II (1729/1762-1796), avec le traité de Kutchuk-Kaïnardji (21 juillet 1774). C'est d'ailleurs l'acte de naissance de la « Question d'Orient », cette chronique du long déclin de l'Empire ottoman, qui va agiter les chancelleries jusqu'à la création de la République turque en 1923.

Outre le libre passage des navires russes à travers les Détroits et dans les ports ottomans, ce traité assure une mainmise sur une partie des pays riverains de la mer Noire avec la capture de diverses places fortes (dont Azov), détache le khanat de Crimée et la Kabardie « indépendants » de l'Empire ottoman, instaure un condominium russo-turc sur la Moldavie-Valaquie, permet l'établissement de consulats permanents, reconnaît un droit de regard de la Russie sur les chrétiens orthodoxes, qui constituent alors près de 40 % de la population. Dès lors, la poussée russe se fait plus irrésistible. Le traité de Jassy (9 janvier 1792) confirme l'annexion de la Crimée et la possession de la forteresse d'Oçak (Otchakov) contrôlant l'embouchure du Dniepr, et entérine la fondation de la base navale de Sébastopol. À Bucarest (28 mai 1812), la moitié de la principauté moldave entre le Dniestr et le Pruth, avec plusieurs forteresses et quatre ports, base de la nouvelle province de Bessarabie, passe à la Russie. Par le traité d'Andrinople [Edirne] (14 septembre 1829), celle-ci étend sa souveraineté à l'ouest (delta du Danube) et à l'est (Géorgie, Arménie) du littoral de la mer Noire.

L'enjeu des Balkans et des Détroits : de l'hégémonie partagée à l'ordre européen

Certains accords avantageux pour la Russie ne résultent pas d'une victoire militaire, mais d'une alliance défensive contre une autre menace. Ainsi, lors de la campagne d'Égypte de Napoléon, le tsar et le sultan se garantissent mutuellement leurs possessions territoriales par un accord autorisant une escadre russe à stationner dans le Bosphore (22 décembre 1798). Et c'est dans le contexte de la révolte du pacha d'Égypte, Mehmet Ali, en 1832, où Nicolas Ier se porte au secours de Constantinople, qu'est conclu le traité d'amitié et d'assistance mutuelle d'Unkiar Skelessy (8 juillet 1833). En fermant les Détroits à tout navire de guerre autre que russe, il apparaît comme le couronnement de la diplomatie tsariste. Un succès de courte durée : la convention de Londres (13 juillet 1841) entre la France, l'Angleterre, l'Autriche, la Prusse et la Russie restaure la souveraineté ottomane sur les Détroits, pouvant être fermés à tous les navires de guerre en temps de paix, ouverts aux seuls alliés en temps de guerre. La volonté des puissances maritimes européennes de limiter l'expansion russe vers les « mers chaudes » annonce la guerre de Crimée (1853-1856) quand les marines française et anglaise interviennent au nom de la défense de l'intégrité de l'Empire ottoman.

Le « traité général d'amitié et de paix » de Paris (30 mars 1856) neutralise la mer Noire, désormais interdite à tout navire de guerre, et conditionne la restitution des villes et ports conquis par les alliés - dont Sébastopol et Malakoff - à l'engagement du tsar à « n'élever et à ne conserver sur ce littoral aucun arsenal militaire maritime[5] ». La Russie doit rétrocéder une partie de la Bessarabie et renoncer au condominium sur les principautés danubiennes réunies, qui restent sous suzeraineté ottomane. Mais le sultan ne sort pas vraiment vainqueur du conflit. Certes son indépendance et son intégrité territoriale sont garanties, mais de fait, l'Empire ottoman entre dans le « concert européen » avec une souveraineté écornée par l'arbitrage qu'exercent ses alliés. Ceux-ci veillent, avant tout, « à donner aux intérêts commerciaux et maritimes de toutes les nations la sécurité désirable », avec notamment des consuls dans les ports des littoraux des Empires ottoman et russe (art. 12). La nouvelle autonomie et la réunion de la Moldavie et de la Valachie sont placées sous la tutelle collective des puissances signataires, préfigurant l'indépendance roumaine. La liberté de navigation est instaurée sur tout le Danube, y compris dans sa partie ottomane, tandis que le contrôle par Constantinople des Détroits, fermés à la flotte russe, est placé sous surveillance internationale, tout comme les rectifications frontalières.

Battue face à une puissante coalition, sans le soutien de son allié traditionnel autrichien, relativement ménagée en raison des rivalités franco-britanniques, la Russie prend sa revanche deux décennies plus tard lorsqu'elle intervient dans les Balkans et au Caucase, en revendiquant, entre autres, l'autonomie des territoires chrétiens après la répression féroce de l'insurrection bulgare (avril 1876). Soutenue par la flotte britannique, la demande d'armistice ottomane est acceptée le 31 janvier 1878, alors qu'après avoir pris Andrinople, les armées du tsar sont aux portes de Constantinople à l'ouest et se sont emparées, à l'est, des citadelles d'Ardahan, Kars, Bayazit et du port de Batoum. À la paix de San Stefano (3 mars 1878), la Russie n'obtient que la Bessarabie méridionale (sur la Roumanie). Sa victoire profite surtout à ses alliés slaves, tout en inquiétant la Grande-Bretagne et l'Autriche-Hongrie. Sous l'égide de l'« honnête courtier » Bismarck, qui cherche, selon ses propres termes, « à maintenir ouvert l'ulcère oriental » pour faire « échouer l'unité des autres puissances » et ainsi « sauvegarder [sa] propre paix »[6], un autre traité est négocié au congrès de Berlin (juin-juillet 1878). Moins défavorable aux Turcs, il profite aux puissances européennes, non sans semer les germes des guerres futures : condominium austro-ottoman sur la Bosnie-Herzégovine, protectorat anglais sur Chypre, protection officielle de la France sur les maronites du Liban et les catholiques de l'Empire ottoman et droit d'occupation de la Tunisie, intérêt reconnu de l'Italie sur la Tripolitaine. La Serbie, le Monténégro et la Grèce y gagnent un peu, au prix de litiges à venir avec les voisins bulgares empêchés de mener à terme leur projet d'unité et d'indépendance d'une Grande Bulgarie pourtant envisagé à San Stefano.

Face à face aux portes du Caucase

Bridée dans les Balkans, la confrontation russo-turque l'est moins au Caucase, où le partage de l'espace de l'ancienne hégémonie persane, mise à mal par la fin de la dynastie safavide (1501-1722), intéresse moins directement les puissances, même quand les combats s'y articulent avec ceux du cœur de l'Europe. Le champ de bataille caucasien revêt l'avantage d'un second front distant. Russes et Turcs s'y affrontent pour l'accès à la Caspienne comme pour le contrôle des États vassaux de l'arrière-pays, dans la zone-frontière terrestre des deux empires qui peine à devenir une ligne-frontière. Ce partage des dépouilles persanes s'effectue par les armes, par des alliances de revers, par le soutien - sous contrôle - aux mouvements d'émancipation nationale ou d'opposition politique.

À la campagne persane victorieuse de Pierre le Grand (1722-1723), qui s'empare de Derbent, de Bakou et des provinces côtières de la Caspienne jusqu'au Mazandéran et à Astrabad (traité de Saint-Pétersbourg du 1er septembre 1723), réplique une expédition ottomane à l'ouest contre les provinces géorgiennes et arméniennes. Elle aboutit au « traité de partage avec la Russie des acquisitions faites sur la Perse » (Constantinople, 12 juin 1724), conclu avec la médiation de la France. Une décennie plus tard, son alliance russe contre les Ottomans permet à la Perse de recouvrer ses territoires (traités russo-persans de Recht, 1732, et de Gandja, 21 mars 1735). La Russie y obtient néanmoins d'exclure la cession des territoires restitués à une puissance tiers - sous-entendu l'Empire ottoman - et de maintenir son hégémonie sur la Caspienne. Au XIXe siècle, malgré un éphémère sursaut à l'aube de l'ère Qadjar, la conquête des provinces caucasiennes (actuelles Arménie, Géorgie, Azerbaïdjan), avalisée par les traités russo-persans de Gulistan (1813) et de Turkmentchaï (1828), devient définitive. L'atteste une frontière inchangée à ce jour, que ne modifie pas, ou très peu, les dernières guerres ottomano-persanes (1821-1823, 1847). Les bâtiments de guerre persans sont exclus de la Caspienne jusqu'à la fin de l'empire des tsars. Et cette situation est révisée lors du traité d'amitié de Moscou entre le nouveau pouvoir bolchevik et l'Iran du 26 février 1921, non sans maintenir l'influence prédominante de la Russie sur le nord du pays.

De fait, ces traités instaurent un quasi-protectorat de la Russie sur l'Iran, où elle essaie de prolonger sa zone d'influence dans les provinces du Nord à plusieurs reprises : en 1907 lors du traité de partage anglo-russe, en 1915-1917 pendant les opérations de la Première Guerre mondiale contre les puissances centrales, en 1920-1921 au moment de l'éphémère République socialiste soviétique du Gilān, plus tard, dans l'entre-deux-guerres, avec le soutien aux mouvements communistes, lors de l'occupation conjointe anglo-soviétique de 1941 à 1945 contre l'Axe, puis en 1946 à travers le soutien à la création des républiques populaires Toudeh et kurde, marquant le début de la guerre froide dans cette région avant l'Europe. À l'instar de la Turquie, effarouchée par la revendication de Staline, au nom des républiques soviétiques, des territoires géorgiens et arméniens cédés en 1921, l'Iran se tourne alors vers le camp occidental.

La délimitation des acquis ou abandons territoriaux respectifs, la défense des frontières terrestres et maritimes (forteresses et fortifications, arsenaux, garnisons, flottes de guerre) ou encore la liberté de navigation constituent bien sûr une part importante des traités de paix, comme des actes qui les préparent et les entourent (accords d'armistice, protocoles des négociations, annexes, etc.), rendant compte des buts de guerre et de la fortune des armes.

D'autres clauses, portant sur les aspects humains et matériels, ne sont pas moins essentielles. Elles éclairent les objectifs à plus long terme, les préoccupations récurrentes, la perception de l'ennemi et de soi, les relations avec les États voisins, mais aussi entre le centre impérial et ses confins à travers la construction et le contrôle de l'espace frontalier. L'évolution de la forme et de la terminologie des traités, pour se conformer aux canons protocolaires et contractuels des actes diplomatiques, traduit l'internationalisation des enjeux locaux (Détroits, navigation sur le Danube, etc.) et la part croissante des accords multilatéraux.

Bibliographie sélective

Traités et autres documents diplomatiques

Beylérian, Arthur, *Les Grandes Puissances, l'Empire ottoman et les Arméniens dans les archives françaises, 1914-1918*, Paris, Publications de la Sorbonne, 1983.

Davison, Roderic H., « "Russian Skills and Turkish Imbecility": the Treaty of Kuchuk Kainarji Reconsidered », *Slavic Review*, vol. 35/3, 1976, p. 463-483.

Martens, Frédéric de, *Recueil des principaux traités et conventions conclu par la Russie avec les puissances étrangères*, Saint-Pétersbourg, Ministère des Affaires étrangères, 1874-1909, 15 t.

Messerlian, Zaven, *Three Treaties. Alexandropol, Moscow and Kars Treaties (1920-1921)*, Beyrouth, 2015.

Ministère des Affaires étrangères, *Documents diplomatiques. Affaires arméniennes. Projets de réformes dans l'Empire ottoman (1893-1897)*, Paris, Imprimerie nationale, 1897.

Noradounghian, Gabriel (ed.), *Recueil d'actes internationaux de l'Empire ottoman*, Paris-Leipzig-Neuchâtel, Librairie Cotillon-F. Pichon-Breitkoff et Haertel-Attingen Frères, 1897, 1900, 1902, 1903, 4 t.

Van den Boogers, Maurits (éd.), *Russian-Ottoman Relations 1600-1914: Printed Works in Western Languages*, Leiden, IDC, 2006-2007.

https://mjp.univ-perp.fr/traites/1856paris.htm, d'après Jules de Clercq, *Recueil des traités de la France*, Paris, 1880, t. VII.

https://mjp.univ-perp.fr/traites/traitesintro.htm.
https://encyclopedia.1914-1918-online.net/article/post-war_treaties_ottoman_empire_middle_east.

Atlas historiques

GILBERT, Martin, *The Routledge Atlas of Russian History*, Londres, Routledge, 2007 (4e éd.).
NÉRARD, François-Xavier et REY, Marie-Pierre, *Atlas historique de la Russie d'Ivan III à Poutine*, Paris, Autrement, 2019.
PORCH, Douglas, *Les Guerres des Empires britannique, français, ottoman et russe*, Paris, Autrement, coll. « Atlas des guerres », 2002.

CHAPITRE 2

Russes et Turcs, les meilleurs ennemis ? (2)

Une cogestion impériale des populations frontalières

Claire Mouradian

Les traités de paix qui mettent fin à la longue série des conflits russo-turcs ne suppriment pas la compétition pour l'hégémonie. Après la mêlée, la mobilisation des hommes et des esprits se poursuit sous d'autres formes. Au-delà des nouvelles délimitations frontalières, les protocoles des négociations et leurs diverses clauses révèlent aussi bien les terrains d'entente, les objectifs de la coexistence pacifique que les futurs buts de guerre. C'est également le cas des accords et conventions signés hors d'un contexte de sortie de guerre, ou encore des accords secrets. Depuis la première « convention avec la Russie stipulant la liberté de commerce à Kiaffa et à Azov », conclue en 1515, jusqu'à l'aube du xxe siècle, la liste - environ 300 - est trop longue pour en dresser ici un inventaire exhaustif. Leur lecture peut contribuer à dégager quelques lignes de force et, ainsi, à jauger la dimension réelle du bouleversement géostratégique en cours avec le rapprochement entre Erdogan et Poutine : énième péripétie de relations turbulentes ou basculement majeur ? Déjà, une alliance analogue, d'apparence tout aussi paradoxale, avait été conclue entre Lénine et Kemal, en 1921, lorsque l'Union soviétique et la République turque étaient en gésine sur les décombres des Empires russe et ottoman, ennemis dans la Première Guerre, mais unis dans la défaite et l'humiliation contre les puissances européennes victorieuses.

Paix des peuples ?

À partir du XIXe siècle, à l'ère du multilatéralisme, devant s'inscrire dans les normes du « concert européen » et dans le dogme de l'équilibre des puissances, les relations russo-turques deviennent plus complexes, tandis que s'élaborent de nouvelles cultures diplomatiques et pratiques impériales, souvent en miroir. Les stipulations des traités relatives aux populations révèlent en creux divers aspects de l'histoire sociale, économique et politique, l'impact des réformes modernisatrices, les préoccupations variables ou récurrentes, partagées ou non, des deux empires en fonction de leur situation intérieure et des rapports de force. Outre les traités directement liés aux guerres, les conventions de commerce et l'adhésion commune à des conventions techniques internationales (lutte contre les épidémies, postes et télégraphes, monnaies, mesures, temps, droit des gens et de la guerre) élargissent les sphères de coopération pratique.

Dans les conséquences immédiates de la guerre, le sort des prisonniers de guerre est un des soucis constants, notamment du côté russe, du fait des liens entre captivité et trafic d'esclaves dans l'Empire ottoman aux XVIIe et XVIIIe siècles. D'où les clauses détaillées sur la libération « sans rançon » (ou « à un prix juste et modéré ») et l'échange des prisonniers de guerre, sauf en cas de conversion « volontaire ». De premiers liens sont ainsi établis entre la souveraineté et la confession des sujets qui iront par la suite dans le sens d'un peuplement « sûr » des zones frontalières par des coreligionnaires, puis de leur protection hors des frontières. La prise, la réparation, la construction ou la destruction de forteresses, enjeu majeur de part et d'autre, s'accompagnent ainsi du souci de prolonger la consolidation militaire des frontières par un glacis humain ou, en cas de « fauteur de troubles » et de risque d'« empiètements », par une zone de sécurité déserte mais mise en valeur économiquement (coupe de bois, ruches, marais salants, pêche, chasse)[1].

Les États s'engagent aussi à empêcher leurs sujets turbulents respectifs (Tatars, Noghaïs, Tcherkesses, Criméens, Kalghaïs d'un côté, Cosaques de l'autre) de créer du désordre chez le voisin, que ce soit par le piratage en mer ou sur les fleuves, les incursions armées, le rapt de personnes, la molestation des habitants, l'appropriation de bétail et toute autre forme de brigandage et de rapine. Les énumérations détaillées des méfaits à prévenir esquissent le paysage anthropologique d'un espace où la souveraineté des pouvoirs impériaux peine d'autant plus à s'établir qu'il faut encore le borner.

Dès le traité de Constantinople de 1700 est affichée une volonté d'administration commune de la paix, avec des clauses de réciprocité, des « juges des frontières » et « autres autorités » pour régler les contestations, des punitions publiques et rigoureuses pour les violations des « lois de bon voisinage », la reprise des relations commerciales, les échanges d'ambassadeurs, l'immunité des agents, et tout ce qui évitera le « recours aux hostilités » pour régler les différends. Les Russes revendiquent la permission pour leurs religieux et « communs des sujets » de se rendre librement en pèlerinage à Jérusalem sans être inquiétés ou taxés en cours de route.

Au fil du temps, le nombre des articles en ce sens augmente, ils se font plus précis, avec des « conventions explicatives » des traités. Les « conventions de commerce » comportent aussi des clauses sur la protection des négociants ou des équipages de la flotte marchande. Dans le traité de Kutchuk-Kaïnardji de « paix perpétuelle », « stable et inaltérable tant par terre que par mer », par lequel Catherine II veille à l'usage constant de son « titre sacré d'impératrice de toutes les Russies », les questions religieuses occupent une grande place : respect du libre exercice de la religion chrétienne, rétrocession de monastères, autorisation de réparation des églises, protection des orthodoxes. Il y a d'ailleurs des débats sur l'étendue de cette protection qui concerne 40 % de la population ottomane. Limitée dans le texte aux « représentations » de l'ambassadeur en faveur de l'Église russo-grecque de Constantinople et de ses desservants (art. 7 et 14), elle est interprétée de façon extensive par la Russie, s'appuyant sur l'engagement de la Porte « à une protection constante à la religion chrétienne et aux Églises de cette religion ». De même les clauses relatives aux mouvements de population. Outre la restitution sans rançon ni paiement des prisonniers de guerre et esclaves des deux sexes – à l'exception des convertis – et la renonciation de l'Empire ottoman au tribut en jeunes enfants des provinces géorgiennes, il est stipulé que les habitants des territoires restitués à l'Empire ottoman qui se seraient mis au service impérial de la Russie pourront suivre les troupes russes lors de leur évacuation et pendant encore un an. Le traité amorce un mécanisme d'échanges de populations, en exigeant de la Sublime Porte qu'elle accorde « aux familles qui voudront abandonner leur patrie et se transporter dans d'autres pays, la faculté de le faire librement et d'emporter leurs biens avec elles ». Les articles traitant de l'« amnistie réciproque » et de « pardon général », du retour des exilés et des bannis et de l'accueil de réfugiés non criminels relèvent aussi de la cogestion des populations[2].

L'exode pour échapper aux guerres ou aux persécutions, le transfert forcé de populations entières pour dépeupler des zones frontalières, s'assurer un butin humain, pratiquer la terre brûlée dans l'espace de l'ennemi, ou mieux tenir la frontière par des forces armées loyales ne sont pas des phénomènes nouveaux, ni spécifiques aux relations russo-turques. Les Empires ottoman et persan, notamment, en ont usé lors de leurs affrontements, en particulier à l'encontre des Arméniens de Tabriz, du Karabakh ou du Nakhitchevan, déportés en masse par le sultan vers Constantinople, ou par le chah vers Ispahan, et remplacés par des tribus kurdes ou turkmènes au XVIIe siècle. La nouveauté réside dans la formalisation et l'institutionnalisation de ces pratiques de déplacement forcé jusqu'à devenir la norme pour la quiétude de la zone frontalière. Les traités organisent les modalités de transfert de ressources humaines et fiscales rares, en affaiblissant du même coup l'adversaire, tout en régulant les circulations, notamment des éventuels fauteurs de troubles préjudiciables aux deux parties : brigands, rebelles, opposants politiques ou nationaux. D'autres clauses mettent en place un contrôle indirect par l'exigence de désignation et l'adoubement des dirigeants locaux que l'on essaie de détacher de l'empire rival, avant de les absorber.

L'exemple de la Crimée, ancienne colonie grecque occupée par divers envahisseurs des steppes (Goths, Huns, Khazars, Bulgares, etc.), siège de comptoirs génois aux XIIIe-XVe siècles, avant l'émergence du khanat (1475), client de l'Empire ottoman qui assoit la domination des musulmans turcophones sur une grande diversité de populations, est, de ce point de vue, emblématique. Le 10 mars 1779, pour lever divers « malentendus » et « contestations », la « Convention explicative du traité de Kutchuk-Kaïnardji » réaffirme l'indépendance du khanat et reconfirme le khan rallié aux Russes, Chahin Giray (1745-1787), un temps chassé par une révolte que les Ottomans avaient suscitée. Autorisé à reconnaître son allégeance religieuse envers le sultan-calife, Chahin Giray se voit aussi offrir la « liberté » de céder la Kabardie à la Russie. Dans le même temps, Catherine II ordonne le transfert des Grecs et des Arméniens de Crimée vers le sud de la Nouvelle Russie, privant le pays et le khan de précieuses forces commerciales et agricoles. Des colons cosaques sont installés à leur place. Les révoltes contre le khan justifieront la proclamation d'annexion (8 avril 1783). Le mécontentement des Ottomans n'empêche pas la signature d'une convention de commerce et de navigation privilégiée dans la foulée (Constantinople, juin 1783). Une autre convention (28 décembre 1783) définit la nouvelle frontière, arrêtée à la rivière Kouban. L'annexion est encore confirmée par le traité russo-ottoman de Jassy (9 janvier 1792), qui entérine la fondation de la base navale de Sébastopol. La colonisation est prolongée par le transfert de paysans russes et allemands, tandis qu'une partie des Tatars de Crimée se réfugient dans l'Empire ottoman. Les relations plus suivies des deux empires avec les puissances européennes se traduisent à partir du XIXe siècle par des accords au caractère plus rigoureusement contractuel. Les protocoles des négociations explicitent les objectifs, tandis que, dans les coulisses, sont aussi signées des annexes secrètes.

Dans les divers protocoles, comme dans le traité final de Londres menant à l'indépendance de la Grèce (1830), le « concert européen » donne un autre sens, plus ethnique et politique, aux clauses relatives aux populations. Ainsi, le traité anglo-franco-russe de Londres « pour la pacification de la Grèce » (3 juillet 1827) introduit l'idée « d'une séparation entière des individus des deux nations » (art. 2). Cela aboutit à la définition d'un « droit d'émigration » et à l'organisation de premiers « échanges de populations » : en plus des amnisties réciproques, il est stipulé que « la Porte ottomane accordera à ceux de ses sujets grecs qui désireraient quitter le territoire turc un délai d'un an pour vendre leurs propriétés et quitter librement le pays. Le gouvernement grec accordera la même faculté aux habitants de la Grèce qui voudraient se transporter sur le territoire turc » (art. 6 du Protocole n° 1 de Londres, 3 février 1830). En janvier 1836, face aux différends que soulève l'application de cette clause, France, Angleterre et Russie s'entendent pour faire « sentir amicalement à la Porte qu'il est de son propre intérêt de ne point mettre obstacle à l'émigration d'un certain nombre d'hommes, qui, retenus malgré eux, seraient mécontents de leur sort et qui pourraient, dans les moments de crise, devenir des causes d'agitation et de troubles, et qu'il convient au contraire de leur faciliter les moyens de sortir librement du pays ». Le nouveau protocole de Londres définit aussi qui peut se prévaloir de la qualité d'« Hellène », la dénomination nationale des indépendantistes grecs, préférée au terme ottoman de « Rum » [Romains] pouvant englober l'ensemble des orthodoxes, et du droit d'émigration.

Cette nouvelle catégorisation, où l'assignation à une identité nationale plus limitative commence à l'emporter sur l'appartenance religieuse plus large, crée bientôt un « enjeu du nombre », lorsqu'au-delà de la migration autorisée s'ajoutent des demandes de réformes pour les minorités de l'Empire ottoman. Leur champ d'application est en effet déterminé par la proportion relative de la minorité visée dans le reste de la population dans telle ou telle province. De la régulation des migrations, on passe à une « ingénierie démographique » stimulée par les prémices du « droit d'ingérence humanitaire ».

Hormis les négociations de sorties de guerre et d'organisation du commerce, les grandes conférences et conventions internationales techniques contribuent aussi à ce processus. C'est le cas des conférences sanitaires internationales, aux origines de l'Organisation mondiale de la santé (OMS), dont les deux premières (il y en aura onze avant la Première Guerre) se tiennent à Paris (1851, 1859) et la troisième à Constantinople (1866). Elles restreignent les circulations pour entraver la propagation des épidémies (peste, choléra, fièvre jaune).

C'est également le cas des diverses conférences pour « régler les lois et coutumes de la guerre ». Selon l'historien Will Smiley, les négociations russo-ottomanes du siècle précédent sur les prisonniers de guerre ont d'ailleurs joué un rôle dans l'amorce de ces conventions internationales. Après celles de Genève (1864) sur le secours aux blessés sur les champs de bataille, et de Bruxelles (1874) pour une déclaration universelle, elles cherchent à codifier les régimes d'occupation militaire sur le territoire ennemi, la protection des biens (y compris culturels) et des personnes (non-combattants, prisonniers de guerre, officiels), dénient aux belligérants « un pouvoir illimité quant au choix des moyens de nuire à l'ennemi » (poison, meurtre par trahison, ruses de guerre, armes de nature « à causer des maux superflus », projectiles explosifs, bombardements, pillages, réquisitions, etc.). Des juristes et diplomates russes respectés comme Frédéric de Martens (1845-1909) jouent un rôle éminent à l'âge d'or de ces conférences qui forgent le droit international moderne, aboutissant à la convention de La Haye (1907). Ces conférences internationales contribuent aussi au gouvernement des populations, en particulier des minorités, et au premier chef des non-musulmans de l'Empire ottoman, sujets de seconde zone.

Déjà, lors des négociations du traité de Paris (15 avril 1856), le sultan, cherchant à prendre les devants pour contrer les revendications russes de « protection » des orthodoxes, s'était vu obligé de proclamer un rescrit impérial, le Hatt-i Humayun (18 février 1856), établissant l'égalité des droits de tous ses sujets, indépendamment de leur religion. La Russie obtient qu'il soit annexé au traité général (art. 9), malgré la résistance de la Porte à fournir ainsi aux puissances le droit de s'immiscer, collectivement ou séparément, dans les rapports du souverain avec ses sujets et dans l'administration de l'empire. En conséquence, les *millet* non musulmans sont placés sous la tutelle du ministère ottoman des Affaires étrangères, ce jusqu'à la proclamation de la première Constitution, en 1876.

L'article 9 du traité de Paris est rappelé dans le « Protocole pour le rétablissement de la tranquillité en Syrie et la protection des chrétiens » (3 août 1860) et les diverses conventions qui mènent au règlement pour le Mont-Liban (9 juin 1861) - dont la Russie est aussi signataire - après les massacres des maronites et l'intervention de Napoléon III. Il en va de même dans le Protocole sur l'administration intérieure des principautés de Moldavie-Valachie de 1864. À la suite de la nouvelle guerre d'Orient de 1876-1878, des stipulations plus détaillées élaborent les garanties pour les droits des minorités. Les protocoles de la conférence de Constantinople (23 décembre 1876-20 janvier 1877), comme les traités de San Stefano (3 mars 1878) et de Berlin (13 juillet 1878)[3], y sont consacrés en grande partie, malgré la proclamation, *in extremis*, le 23 décembre, à l'ouverture de la conférence, de la première Constitution ottomane. C'est en vain que la Porte argue de l'incompatibilité de ces clauses avec sa Constitution : le représentant de la Grande-Bretagne rétorque que, jusqu'ici, la « Porte n'a donné que des promesses et refuse d'accorder des garanties ».

Parmi les sujets d'âpres discussions lors des préliminaires de la paix figure l'usage du terme de « Bulgarie », récusé par les Ottomans, qui auraient préféré conserver les dénominations de « vilayet du Danube » et de « Roumélie orientale ». Oublieuse de ses propres pratiques au Caucase, la Russie réplique qu'il convient de restaurer les anciens noms historiques de ces provinces et que « les divisions administratives ont toujours été modifiées selon les convenances du gouvernement [ottoman] ». Autre objet de débat, et non des moindres : l'interdiction absolue de l'emploi de troupes irrégulières et de la « colonisation en masse des Circassiens » - que la conquête russe du Caucase a chassés - dans les Balkans.

Au congrès de Berlin, les différends portent sur la participation de la Roumanie - qui deviendrait dans ce cas un signe de reconnaissance internationale -, sur les délimitations frontalières dans les Balkans et au Caucase, sur les droits des Juifs dans les Balkans - contestés par le représentant russe -, sur les garanties efficaces pour améliorer le sort des populations chrétiennes de la Turquie, dont Russes et Anglais se disputent la protection contre des « abus séculaires ». Le temps des négociations consacré à la Turquie d'Europe (19 séances sur 20) et le nombre de clauses qui s'y rapportent (57 contre 5), par rapport à la Turquie d'Asie et au Caucase, marquent cependant la hiérarchie des priorités des puissances. Sur le Caucase, seuls le statut et l'accès du port de Batoum bénéficient d'une attention particulière.

L'hypocrisie prédomine. La Question arménienne est désormais inscrite dans l'agenda international. Au cours des débats, il est déclaré que les intérêts des Arméniens doivent être sauvegardés et qu'il convient de « leur donner des espérances d'améliorations immédiates en même temps que de progrès à venir ». Mais entre l'article 16 du traité de San Stefano et l'article 61 de Berlin, les garanties de réformes pour la protection des biens et des personnes contre les exactions des tribus circassiennes et kurdes perdent leur caractère contraignant : elles ne sont plus tributaires de la présence des troupes russes d'occupation mais de la vague promesse de la Porte de remédier aux « graves désordres » des « tribus insoumises », sous la garantie collective de puissances divisées qui veulent bien y croire. Pour leur intercession en faveur de l'Empire ottoman, les Anglais et les Autrichiens gagneront, par des conventions secrètes, des protectorats, respectivement sur Chypre et sur la Bosnie-Herzégovine.

Faute de moyens pour les indemnités de guerre exigées par la Russie, la Porte propose de les verser par annuité avec une partie des taxes de la Turquie d'Asie et d'Alep, c'est-à-dire, de fait, au détriment des dépenses publiques en faveur de ces régions, ce qui ne peut qu'aggraver la précarité des populations locales, dont les Arméniens. Avec les migrations des musulmans des zones annexées par la Russie (Kars, Ardahan, Batoum) vers l'Empire ottoman, la situation se détériore encore. Bientôt, le « Sultan Rouge » Abdülhamid II verra dans les chassés-croisés de populations, puis dans la violence de masse, un moyen d'éviter d'appliquer des réformes conditionnées par le nombre. Lors du projet de réforme de 1895, après une première vague de massacres, les promesses de Berlin sont conviées, mais aussi la statistique. La part des chrétiens dans la fonction publique, la gendarmerie, la police, la justice est censée être proportionnelle au chiffre de la population. La tentation de se débarrasser de ceux qui font l'objet des

« attentions » aussi continuelles qu'inopérantes des puissances ne sera pas loin. Hormis les protestations orales et l'indignation bruyante des arménophiles européens et américains, aucune intervention des puissances. Celle des « protecteurs » officiels russes démontre à nouveau la coalition des intérêts avec les Ottomans pour le contrôle des peuples : les polices aux frontières collaborent pour réprimer les quelques tentatives d'autodéfense et étouffer le mouvement révolutionnaire naissant des Arméniens. Et en 1912, lorsque dans le contexte de la perte traumatique des Balkans pour les dirigeants jeunes-turcs et à la veille de la Première Guerre, la diplomatie russe relance la question des réformes arméniennes, elle semble vouloir désigner les Arméniens à la vindicte d'un régime aux abois.

Présente sur ce front oublié du conflit mondial, au Caucase, l'armée russe n'interviendra pas pour empêcher ou stopper le génocide de 1915. Elle fera aussi peu d'efforts pour aider au retour des rescapés lorsqu'elle occupera l'Anatolie orientale, voire elle l'entravera pour favoriser une colonisation cosaque. En revanche, au lendemain du conflit qui voit l'éclatement des deux empires, les ennemis d'hier se rejoignent dans la défaite et la révolution pour empêcher les alliés franco-britanniques victorieux de déterminer leurs frontières et leurs futures relations.

Comme un vieux couple

Avec le traité « d'amitié et de fraternité » de Moscou du 16 mars 1921, les représentants des États successeurs non encore reconnus des empires défunts, la Grande Assemblée nationale de Turquie et la République fédéraliste soviétique de Russie, poursuivent la tradition de relations fondées sur le pragmatisme opportuniste. Le préambule insiste sur le partage des « principes de fraternité des nations et le droit des peuples à l'autodétermination » et « la solidarité dans la lutte contre l'impérialisme, avec le fait que les difficultés d'une des nations aggraveraient celles de l'autre ». Dans un style moins fleuri que les traités anciens mais plus conforme aux nouveaux régimes révolutionnaires, on retrouve les grands thèmes des accords des siècles précédents, au léger avantage des objectifs de guerre des Turcs à un moment où la force du mouvement kémaliste s'affirme, tout en laissant ouvert l'avenir avec des ajustements possibles :

— caducité des accords précédents imposés par la force à l'une ou l'autre des parties (en l'occurrence le traité soviéto-allemand du 3 mars 1918, que les bolcheviks, qui l'ont signé, ont récusé dès le 13 novembre 1918, et le traité de Sèvres signé par le gouvernement ottoman de Constantinople, contesté par Mustafa Kemal) ;

— ouverture des Détroits à tous les navires de commerce et futur statut tenant compte des intérêts de tous les riverains, mais sans menace sur Constantinople ;

— définition des nouvelles frontières selon les termes du Pacte national turc du 28 janvier 1920 de la Grande Assemblée d'Angora ;

— constitution en territoire autonome et cession du port et de la ville de Batoum à la Géorgie (avec liberté de transit et de commerce sans taxes douanières pour la Turquie) et du Nakhitchevan à l'Azerbaïdjan ;

— abrogation des Capitulations et de la dette ottomane à l'égard de la Russie tsariste ;

— interdiction de la présence ou de la formation de groupes hostiles à l'autre partie sur leur territoire ;

— mesures pour assurer le commerce entre les pays, développement des voies de communication, droit de circulation des ressortissants de l'autre État avec clause de la nation la plus favorisée, en respectant les lois du pays ;

— rapatriement des prisonniers de guerre et des captifs civils turcs aux frais de la Russie ;

— droit pour les habitants des territoires qui faisaient autrefois partie de l'Empire russe et passés sous autorité turque de quitter la Turquie en emportant leurs biens personnels ou leur équivalent monétaire ; de même pour les habitants de la région de Batoum, passée sous autorité de la Géorgie ;

— signature à venir d'une convention consulaire pour régler divers détails.

Les annexes délimitent les frontières, avec l'engagement turc de ne pas installer des fortifications et des troupes à proximité immédiate de la voie de chemin de fer Alexandropol-Erevan, mais avec la prévision de commissions de délimitations *ad hoc*.

Le congrès des peuples d'Orient de Bakou de septembre 1920, auquel participèrent des représentants turcs, dont l'ancien ministre de la Guerre jeune-turc, Enver Pacha, avait déclaré le droit national des peuples d'Orient et de Russie à lutter pour leur liberté et l'indépendance avec le droit de choisir leur forme de gouvernement. Le traité de Moscou montre le peu de cas qui est fait des Caucasiens directement concernés. Conclu sur leur dos, il souligne à nouveau la convergence des intérêts de deux puissances, qui, au-delà des changements de régime, s'entendent sur certains fondamentaux de l'ordre impérial. Les nations locales, ou plus généralement les populations prises en tenailles, y apparaissent vouées à une vassalité prépondérante ou au condominium des véritables maîtres du jeu régional : au mieux elles sont des forces combattantes d'appoint pendant la guerre et des « variables d'ajustement » fracassées à l'heure de la paix, au risque de leur élimination totale de l'échiquier.

Depuis 1921, malgré quelques frictions et tensions, y compris au cours de la Seconde Guerre et de la guerre froide, les relations entre ces meilleurs ennemis ont pris davantage la forme d'un assez aimable jeu de la barbichette que celle d'un rude bras de fer. C'est bien là le sens des assauts de congratulations réciproques sur le dialogue et la coopération de partenaires stratégiques, garants de la stabilité et de la sécurité régionales, lors de la commémoration à Ankara, en mars 2021, en présence de l'ambassadeur russe, du centenaire du traité de Moscou[4].

Bibliographie sélective

ALLEN, William E. David et MURATOFF, Paul, *Caucasian Battlefields. A History of Wars on the Turkish-Caucasian Borders, 1828-1921*, Cambridge University Press, 2011 (rééd.).

ASTOURIAN, Stephan et KÉVORKIAN, Raymond (ed.), *Collective and State Violence in Turkey. The Construction of a National Identity from Empire to Nation-State*, New York-Londres, 2020.

Russes et Turcs, les meilleurs ennemis ? (2)

BOBROFF, Ronald, *Roads to Glory. Late Imperial Russia and the Turkish Straits*, Londres-New York, I.B. Tauris, 2006.

BALARD, Michel et DUCELLIER, Alain (dir.), *Migrations et diasporas méditerranéennes (xe-xvie s.)*, Paris, Publications de la Sorbonne, 2002.

BEYLÉRIAN, Arthur, *Les Origines de la Question arménienne du traité de San Stefano au congrès de Berlin (1878)*, Paris, Pédone, 1973.

GRUNWALD, Constantin de, *Trois siècles de diplomatie russe*, Paris, Calmann-Lévy, 1945.

ISCI, Onur, *Turkey and the Soviet Union during World War II. Diplomacy, Discord and International Relations*, Londres, IB Tauris, 2018.

KIESER, Hans-Lukas, *The End of the Ottomans: the Genocide of 1915 and the Politics of Turkish Nationalism*, Londres, IB Tauris, 2019.

NOLDE, Boris, *La Formation de l'Empire russe. Études, notes et documents*, Paris, Institut d'études slaves, 1952, 1953, 2 t.

ÖZCU, Umit, *Formalizing Displacement. International Law and Population Transfers*, Oxford, Oxford University Press, 2015.

PSCHICHHOLZ, Christin (ed.), *The First World War as a Caesura? Demographic Concepts, Population Policy, and Genocide in the Late Ottoman, Russian, and Habsburg Spheres*, Berlin, Duncker & Humblot, 2020.

REYNOLDS, Michael A., *Shattering Empires. The Clash and Collapse of the Ottoman and Russian Empires, 1908-1918*, Cambridge-New York, Cambridge University Press, 2011.

SMILEY, Will, *From Slaves to Prisoners of War. The Ottoman Empire, Russia and International Law*, Oxford, Oxford University Press, 2018.

CHAPITRE 3

Ankara et la Russie : une intrigue qui met l'Occident sous pression

Dorothée SCHMID

Dépouillée par les Européens des attributs impériaux ottomans, la République de Turquie pratique depuis sa fondation en 1923 une diplomatie de bascule, destinée à se valoriser comme acteur régional sans s'inféoder à une puissance extérieure. L'association conclue avec les Occidentaux pendant la guerre froide a paradoxalement conforté cette logique : la Turquie assumait dans l'OTAN un rôle sécurisé de sentinelle face à l'Union soviétique, tout en continuant à défendre ses intérêts propres – l'invasion du nord de Chypre en 1974 et les tensions territoriales récurrentes avec la Grèce dès les années 1970 dans le périmètre égéen en témoignent. La dissolution de l'URSS en 1991 a cependant relancé, pour la Turquie, la possibilité d'interactions ouvertes avec la Russie. L'évolution des relations russo-turques est depuis lors surveillée de près par les partenaires occidentaux d'Ankara, qui redoutent un alignement stratégique de ces deux puissances alternatives en mer Noire, au Moyen-Orient, en Asie centrale ou dans le Caucase. Si l'appétence opportuniste du Parti de la justice et du développement (AKP) pour une coopération stratégique avec Moscou se confirme depuis 2016, on reste cependant sceptique, à Washington comme à Bruxelles, quant à la solidité de ce rapprochement, que fragilisent tant la concurrence des intérêts respectifs des deux pays que l'irrésistible désir d'autonomie des Turcs.

La Turquie comme tampon face à la Russie : un principe hérité de la guerre froide

L'ancrage de la Turquie dans le camp occidental est un principe hérité de la guerre froide. Son adhésion au Conseil de l'Europe en 1949, son intégration à l'OTAN dès 1951, puis son rapprochement progressif avec la Communauté européenne ont contribué à sécuriser l'Europe libérale contre l'expansionnisme soviétique. Ces choix semblent s'inscrire dans le sillon historique du kémalisme occidentaliste, mais simplifient aussi l'idée que les Alliés se font de la Turquie : ils pensent lui offrir un bouclier pour se défendre de la Russie, son ennemie de toujours. En effet, l'Empire ottoman et l'Empire russe se sont fait la guerre pas moins de onze fois entre le XVIe et le XXe siècle. Mais les deux entités politiques ont vécu, avec la Première Guerre mondiale, une transformation parallèle qui les a temporairement dissuadées de s'affronter. Afin de se concentrer sur les affaires intérieures de sa république encore fragile, Atatürk a conclu, dès 1921, un traité de paix avec l'Union soviétique. Pour l'URSS en construction, la neutralisation de la Turquie était tout aussi bénéfique, et le traité d'amitié signé en 1925 inaugure un *modus vivendi* qui est rompu seulement en 1946, lorsque Staline remet en cause le contrôle turc des détroits du Bosphore et des Dardanelles. Dès lors, la protection américaine est indispensable pour geler à nouveau la frontière. Jusqu'à l'effondrement de l'URSS, la Turquie devient pour l'Occident une sorte de pays tampon, dont les péripéties intérieures, coups d'État militaires à répétition et retards économiques accumulés, sont surveillées de loin par les Alliés.

La chute du mur de Berlin rompt à nouveau l'équilibre, cette fois en faveur des Turcs. Le camp libéral peut pousser son avantage aux confins de la Russie affaiblie. La Turquie, située au carrefour du Moyen-Orient, du Caucase et de l'Europe du Sud-Est, ouvre l'accès à l'Asie centrale, à l'espace caspien et au voisinage du golfe Persique, soit un périmètre qui concentre 70 % des ressources énergétiques de la planète. Ses « fonctions géostratégiques » (A. Öztürk) sont intégrées au service des objectifs de Washington dans les années 1990 – conquête énergétique et stabilisation régionale. Le rêve pantouranien d'unification des populations turcophones d'Asie centrale et du Caucase, un temps caressé par Ankara, se heurte en contrepartie à la persistance de l'influence russe.

De nouvelles pressions s'exercent dans l'espace intermédiaire entre Turquie et Russie à l'orée du XXIe siècle. Après le 11 septembre 2001, la menace du terrorisme islamiste rehausse le statut de la Turquie comme partenaire ou amortisseur des chocs à l'interface du Moyen-Orient. Moscou affirme dans le même temps des ambitions sur ses marges, menaçant la stabilité des frontières en Europe centrale et orientale. Les Occidentaux espèrent que la Turquie puisse les aider à empêcher la transformation de la mer Noire en « lac russe » : l'annexion de la Crimée en 2014 alarme

Ankara, qui s'oppose à Moscou au prétexte de défendre la minorité tatare. Au Moyen-Orient, jusqu'en 2016, le conflit syrien place Russes et Turcs dans des camps opposés ; sous le mandat de François Hollande (2012-2017), la France s'associe avec la Turquie pour contrer l'implication montante de Moscou aux côtés de Bachar al-Assad.

Finalement, jusqu'en 2016, l'association stratégique entre l'Occident et la Turquie n'a connu que deux sérieux accrocs : lors de la crise de Chypre en 1974 et pendant l'intervention américaine en Irak en 2003 – Ankara ayant alors refusé aux troupes américaines le passage par son territoire. Ces deux dossiers ont révélé que la Turquie ferait passer si nécessaire ses intérêts étroits avant les impératifs alliés. Sous l'affichage, parfois superficiel, d'un partage de valeurs, perce ailleurs la réalité du rapport permanent des forces avec la Russie : les Turcs « tombent » du côté de l'Occident lorsqu'ils sont en situation de faiblesse face aux Russes et que l'OTAN peut leur apporter un soutien décisif. La fin de la guerre froide a troublé ce jeu : l'alliance militaire a perdu son objectif premier et la Russie a récupéré le siège de l'URSS au Conseil de sécurité des Nations unies. La course à la puissance a repris et les Turcs, tentés de se faire valoir auprès des Occidentaux comme l'allié musulman indispensable dans le monde post-soviétique, sont en réalité fascinés par les opportunités qu'offre ce contexte mouvant.

Le flirt incertain des puissances révisionnistes

Les désillusions dans sa relation avec l'Union européenne ont tôt incité la Turquie de Recep Tayyip Erdogan à chercher des alternatives à l'alliance occidentale : dès 2006, soit un an après son ouverture, le processus d'adhésion à l'UE se grippe et la Turquie engage avec les Européens une sorte de bras de fer permanent pour défendre ses intérêts qu'elle estime négligés. Les ambitions d'Ankara s'accommodent par ailleurs mal de la tutelle américaine, structurellement impopulaire en Turquie. Or, la vision diplomatique du professeur Ahmet Davutoglu, d'abord conseiller puis ministre des Affaires étrangères, et enfin Premier ministre d'Erdogan, ouvre de vastes perspectives à partir de 2002 : le théoricien de la nouvelle politique étrangère turque souhaite remettre son pays au centre du jeu, par le recours à un *soft power* dispensé équitablement dans son voisinage géographique. C'est l'époque de la diplomatie « à 360 degrés » et du « zéro problème avec les voisins ».

La Turquie veut désormais parler d'égal à égal avec les grands et la Russie en fait partie ; la courtiser pimente au passage le marchandage sur l'adhésion européenne qui piétine. Vladimir Poutine sait attiser chez les Turcs le ressentiment des exclus, critiquant l'arrogance et l'inconséquence européennes. Les Européens, toujours méfiants vis-à-vis des initiatives de Moscou, s'inquiètent de voir émerger une complicité révisionniste entre les deux puissances régionales, dont les nostalgies impériales se traduisent de plus en plus clairement en revendications territoriales – surtout maritimes pour la Turquie, en mer Égée. Le rapprochement russo-turc se matérialise surtout sur le terrain économique, en particulier dans le domaine de l'énergie. La Turquie laisse régulièrement entendre qu'elle pourrait devenir membre à part entière de l'Organisation de coopération de Shanghai, groupement centrasiatique dominé par la Russie et la Chine.

La Russie n'associe pas pour autant Ankara à ses entreprises politiques. Vladimir Poutine semble l'avoir placée sous observation et s'intéresse aux dissensions au sein de l'OTAN, points de fragilité qui seront utiles à Moscou par la suite. Dès 2009, les Turcs avaient secoué le consensus de l'Alliance atlantique en mettant leur veto à la nomination au poste de secrétaire général de l'OTAN du Premier ministre danois de l'époque, Anders Fogh Rasmussen, au prétexte du scandale des caricatures de Mahomet parues dans la presse danoise. Cette pression que les chancelleries occidentales perçoivent comme un chantage entraîne, entre autres, un renforcement de la présence turque à certains postes clés de l'organisation. À partir de 2013, les chamailleries s'intensifient, à mesure que la Turquie s'implique dans le conflit syrien. Les Alliés sont de moins en moins réceptifs à ses demandes d'assistance répétées – déploiement de batteries antimissiles *Patriot* pour protéger sa frontière avec la Syrie –, car Ankara semble surtout faire avancer son propre agenda : faire tomber Bachar al-Assad pour imposer une solution politique garantissant l'influence turque. Cette obsession entraîne les services turcs dans de ténébreux calculs, jusqu'à soutenir les franges radicalisées de l'opposition syrienne. Les relations floues entre Ankara et l'Organisation État islamique (OEI, ou Daech) inquiètent particulièrement les Occidentaux : bien que membre de la coalition anti-Daech sous égide américaine, Ankara refuse jusqu'en 2015 de participer à des opérations militaires contre le groupe. La montée en puissance, sur le théâtre syrien, d'une fraction kurde proche du PKK obsède en revanche complètement les Turcs.

Soutien principal de Bachar al-Assad, Vladimir Poutine est lui aussi indisposé par la politique syrienne de Tayyip Erdogan et l'irritation mutuelle croît, au risque d'une confrontation militaire. Le 24 novembre 2015, la défense antiaérienne turque abat un Su-24 des forces aériennes russes, qu'elle accuse d'avoir violé l'espace aérien turc. C'est la première fois qu'un membre de l'OTAN abat un avion russe depuis la guerre de Corée et l'opération n'a fait l'objet d'aucune concertation. Les réunions extraordinaires de l'Alliance se succèdent pour tenter de maîtriser la situation, laissant filtrer de nombreux désaccords. L'antagonisme russo-turc risque d'entraîner les Occidentaux malgré eux dans une guerre dans laquelle ils ne sont jamais parvenus à peser. La Russie, elle, décrète provisoirement un embargo qui pèse lourdement sur l'économie turque.

Le cauchemar de la contre-alliance russo-turque

C'est pourtant également sur le terrain syrien que sera mise en scène l'année suivante, contre toute attente, la réconciliation entre Moscou et Ankara. Dans la nuit du

14 au 15 juillet 2016, la Turquie est le théâtre d'une tentative de coup d'État militaire. Erdogan parvient à reprendre la main face à une fraction de l'armée manifestement mal préparée. Les réactions d'empathie de ses alliés occidentaux se font cruellement attendre, tandis que Vladimir Poutine, lui, exprime son soutien immédiat au président turc. La presse turque affirme au cours des jours suivants que la Russie avait averti les services turcs en amont du putsch. Chaque partie cherchait certainement une occasion de dépasser la brouille. Ankara était très isolée, la mésentente entre Barack Obama et Tayyip Erdogan semblait insurmontable et les Européens s'inquiétaient des agissements turcs en Syrie. Les Russes tendent la main aux Turcs pour exploiter ces failles. La réconciliation est scellée dès le mois d'août et s'ouvre alors une séquence inattendue d'étroite coopération entre Russie et Turquie sur le dossier syrien.

Le thème de la « perte de la Turquie » hante désormais l'*establishment* américain, et ceux des pays européens les plus atlantistes. Les États-Unis souhaitent diminuer leur empreinte militaire au Moyen-Orient et ont besoin des Turcs pour y jouer le rôle de relais stabilisateur. Le rapprochement entre Moscou et Ankara renverse catégoriquement la perspective. Du jour au lendemain, Erdogan adhère pleinement aux schémas de règlement russes : il participe avec l'Iran aux négociations de paix d'Astana sous patronage russe, qui marginalisent le processus de Genève parrainé par l'ONU ; il entre dans la logique russe des « zones de désescalade » et accepte de superviser le désarmement de ses anciens alliés radicaux islamistes dans la poche d'Idlib. Le président russe est parvenu non seulement à désactiver un antagoniste sur le terrain syrien, mais aussi, plus largement, à mettre sous pression l'ensemble du camp occidental.

Au fil du développement de sa complicité avec la Russie, la Turquie se transforme en machine à détraquer l'OTAN. Elle affiche son opposition totale à l'alliance *de facto* conclue par les Américains et les Français avec les combattants kurdes syriens pour combattre Daech, et en vient même à menacer les forces américaines sur le terrain. Elle refuse en parallèle d'appuyer des plans de défense de l'OTAN pour les pays baltes et la Pologne tant que les Alliés ne lui apportent pas un soutien plus explicite face au PKK. Elle entre en négociation avec la Russie pour l'achat de systèmes S-400, équivalent des *Patriot* américains, ouvrant une brèche problématique pour la sécurité de l'Alliance. De tentatives de dissuasion en menaces de rétorsion, puis en punition effective, Ankara est finalement exclue du programme de développement des avions de combat F-35 américains. La querelle autour des S-400 illustre pleinement les rêves d'autonomie de la Turquie et leurs limites : la négociation pour l'achat des systèmes a commencé dès 2016 avec Moscou, l'affaire est conclue en 2017, les premières batteries livrées en 2019 mais leur mise en service, dont la perspective exaspère les alliés de l'OTAN, est constamment retardée.

Parmi les sous-dossiers syriens, le thème des réfugiés et celui de la reconstruction alimentent aussi une complicité rhétorique entre Russes et Turcs. Une fois admis que Bachar al-Assad a gagné la guerre, plus rien ne s'oppose en théorie au retour au pays des 4 millions de Syriens présents en Turquie. Mais la reconstruction est bloquée par les sanctions occidentales, car les Européens et les Américains refusent la fiction d'une restauration du régime à l'identique. La Turquie, désormais en guerre avec les Kurdes sur trois fronts différents (en Turquie même, en Syrie et en Irak), menace alors de plus en plus explicitement d'expulser les réfugiés vers l'Europe. Enfin, la tenaille russo-turque se confirme sur le terrain énergétique : le gazoduc *Turkish Stream* entre la Russie et la Turquie, inauguré en janvier 2020, est le pendant du *Nord Stream* qui relie la Russie à l'Allemagne. Son débit est destiné pour moitié à alimenter la Turquie en gaz, et pour l'autre moitié la Bulgarie, la Serbie, la Hongrie et la Slovaquie ; il permet, en contournant l'Ukraine, de renforcer la maîtrise russe sur le marché européen.

L'autonomisation de la Turquie comme espoir de rééquilibrage

Le pas de deux russo-turc est suivi par les Occidentaux avec, en fait, un mélange de crainte et d'incrédulité : les deux puissances révisionnistes ont parfois des intérêts différents dans les espaces où elles se projettent et pourraient se neutraliser l'une l'autre. La Turquie retrouverait alors son rôle de tampon ou pourrait même redevenir un adversaire pour Moscou. La réconciliation actée en Syrie y sanctionne l'impuissance occidentale. Elle écarte Américains et Européens de la définition du règlement politique post-conflit et les cantonne dans la position d'obstacles à la reconstruction. Mais la quête d'autonomie de la Turquie devient progressivement incompatible avec le rôle de supplétif dans lequel Moscou tente de l'installer[1]. La sensibilité politique turque rechigne à accepter la victoire de Bachar al-Assad qu'imposent les Russes ; et si Moscou arrange un mécanisme de pacification conjoint dans le Nord-Est syrien, sa gestion, sur le fond ambivalente, du dossier kurde mine la confiance des Turcs. L'antagonisme russo-turc latent ressurgit lorsque l'armée loyaliste syrienne, appuyée par la Russie, lance en décembre 2019 une offensive destinée à reprendre la poche d'Idlib, l'ouest d'Alep et Saraqeb, où sont entassés civils et djihadistes sous la garde des Turcs. Une contre-offensive turque en mars 2020 amène les deux pays au bord de la confrontation.

Des conflits d'intérêts se matérialisent ailleurs. En Libye, la Turquie et la Russie vont aussi s'opposer physiquement : Moscou appuie le maréchal Haftar, qui mène depuis l'est du pays une offensive contre le Gouvernement d'union nationale installé à Tripoli. Ce dernier est sauvé de la déroute au printemps 2020 par Ankara, qui lui apporte un soutien militaire décisif combinant fourniture d'armes et de combattants, issus pour partie du vivier des mercenaires syriens d'Idlib. Les mercenaires russes du groupe Wagner engagés dans l'autre camp sont contraints au retrait. Prenant acte de l'affrontement russo-turc, Jean-Yves Le Drian évoque une « syrianisation » du conflit et dénonce vigoureusement l'intervention d'Ankara, qui viole l'embargo sur les armes réaffirmé en janvier lors de la conférence de Berlin. La Turquie compte sur l'indifférence américaine en Libye, mais son activisme met Paris dans l'embarras, car la France soutient Haftar *sotto voce* pour faire pièce à l'expansion de l'islamisme radical à la frontière du Sahel. Un incident est évité de justesse en juin entre deux bâtiments militaires turc et français au large des côtes libyennes, et les désaccords s'enveniment pendant l'été lorsque Emmanuel Macron monte au créneau pour dénoncer des manœuvres turques dans les eaux maritimes grecques et chypriotes. Les Russes restent muets face à l'escalade des tensions en Méditerranée orientale, qui se calment provisoirement grâce aux efforts de l'OTAN et à l'implication américaine.

À l'automne 2020, de nouvelles difficultés se profilent entre Russes et Turcs dans le Caucase. Le conflit entre Arméniens et Azéris pour le contrôle du Haut-Karabakh se ranime ; la Turquie conseille et arme l'Azerbaïdjan, et le fournit même en mercenaires. Moscou, proche des deux belligérants, pose en faiseur de paix et ménage une place aux Turcs dans les arrangements post-conflit. Washington et Paris, qui coprésident avec Moscou le Groupe de Minsk, chargé de rechercher une solution au confit sous l'égide de l'OSCE, assistent impuissants à toute la séquence. Mais les experts occidentaux scrutent surtout, là encore, l'évolution des tensions russo-turques, entretenant l'espoir d'une étincelle qui mettrait le feu aux poudres entre les faux amis[2].

*

Quelle que soit l'issue des tensions entre Moscou et Ankara, leur dynamique souligne à chaque fois la faiblesse des Occidentaux sur des terrains qu'ils ont progressivement abandonnés[3]. Les querelles russo-turques peuvent même affecter négativement le consensus occidental déjà dramatiquement mis à mal par la présidence de Donald Trump, ce dernier s'étant montré ambivalent aussi bien avec la Turquie qu'avec la Russie. Les Européens sont les plus concernés par le jeu des deux puissances dans leur voisinage. Or, l'écart se creuse entre France et Allemagne, les deux pays européens leaders dans l'ère post-Brexit. Emmanuel Macron, concentré sur le danger turc, prône une ouverture réaliste vis-à-vis de la Russie, tandis qu'Angela Merkel tente d'apaiser Ankara et se montre plus ferme face à Vladimir Poutine. Quant aux États-Unis, les vieux réflexes diplomatiques prévaudront sans doute face à ces débats qui ne menacent plus leurs intérêts immédiats : la Russie peine à gagner auprès d'eux un statut de partenaire, que la Turquie n'a jamais vraiment perdu.

Bibliographie sélective

Coşkun, Bezen Balamir, « Turkey's Relations with Russia after the Failed Coup: a Friend in Need of a Friend Indeed? », *New Middle Eastern Studies*, 9 (1), 2019, p. 36-52.

Levin, Paul T., « Who Lost Turkey? The Consequences of Writing an Exclusionary European History », *in* Berger, Stefan et Tekin, Caner (ed.), *History and Belonging: Representations of the Past in Contemporary European Politics*, New York, Berghahn Books, 2018, p. 152-173.

Öztürk, Asiye, « Les fonctions géostratégiques de la Turquie en Asie antérieure », *Outre-Terre*, n° 16, 2006/3, p. 273-286.

Schmid, Dorothée, « Is Escalation between France and Turkey in the Middle East and Beyond Inescapable? », *GCSP Policy Paper*, novembre 2020.

Russie-Turquie

SAKWA, Richard, « La Russie et la Turquie : repenser l'Europe pour dépasser le statut d'"outsiders" », *Russie-NEI Visions*, n° 51, Ifri, mai 2010.

SONUMUT, Güldener, « Russie-Turquie. Querelle d'arrière-cour », *Outre-Terre*, n° 4, 2003/3, p. 209-213.

CHAPITRE 4

La coexistence, fondement de la relation entre la Russie et la Turquie en Syrie

Igor DELANOË

La crise syrienne est venue porter un coup à un partenariat russo-turc qui connaissait une dynamique positive depuis le début des années 2010. À l'instar de la relation qu'ils entretiennent en mer Noire, dans le Caucase, ou encore dans les Balkans, Russes et Turcs affichent en Syrie des intérêts concurrents pondérés par de rares convergences de vue. La destruction du Su-24 russe par la chasse turque le 24 novembre 2015 – point d'orgue de leur confrontation en Syrie – a illustré autant l'absence de dialogue entre eux que les limites du « modèle » de gestion russo-turc des différends qui consiste à compartimenter les sujets. S'ensuivit une période de « brouille » entre fin novembre 2015 et juillet 2016, qui a donné lieu à une confrontation politico-économique vite perçue comme stérile par les deux acteurs. Depuis, leur réconciliation a permis l'établissement en Syrie d'une relation complexe et multifacette jamais dénuée d'ambivalence. Dépourvue de confiance, cette relation s'apparente à une compétition coopérative bâtie avant tout sur la notion d'intérêts, sur une forme d'interdépendance ainsi que sur une profonde défiance partagée à l'égard de l'agenda américain en Syrie. Ce *modus vivendi* passe par une gestion au plus près des frictions qui apparaissent de manière quasi permanente sur le terrain, ce qui leur permet par ailleurs de canaliser leurs ambitions respectives. Nous examinerons ici les ressorts de la coopération russo-turque en Syrie et, à travers l'analyse des mécanismes spécifiques qu'elle recouvre, nous verrons comment en dépit d'agendas concurrents Moscou et Ankara sont parvenues à éviter une nouvelle rupture.

Un potentiel de rapprochement favorisé par deux politiques de puissance qui se répondent

Les élites russes et turques partagent un intérêt pour un ordre mondial polycentrique censé apporter à Moscou et Ankara la possibilité d'incarner un pôle de puissance en affirmant leur leadership à l'échelle régionale, voire mondiale dans le cas de la Russie. Cette attirance pour un monde multipolaire les pousse à explorer des formes de partenariat alternatives faisant la part belle aux intérêts nationaux et reposant assez largement sur une approche transactionnelle, dépourvue de tout socle de confiance. Ainsi, l'objectif poursuivi par le président turc Recep Tayyip Erdogan en matière de politique étrangère est de restaurer le rôle de la Turquie comme acteur stratégique de premier plan en Afrique du Nord et au Moyen-Orient. Ahmet Davutoglu, un temps l'architecte de cette politique en tant que ministre des Affaires étrangères (2009-2014) puis Premier ministre turc (2014-2016), décrivait ainsi la Turquie comme une puissance régionale hégémonique capable de projeter son influence à l'échelle globale. Pour ce faire, la politique extérieure d'Ankara semble s'adosser à un vecteur idéologique, et le facteur militaire y tient désormais un rôle prépondérant. La politique étrangère du président Erdogan a ainsi pu être qualifiée de néo-ottomane par certains observateurs, tandis que d'autres y voient volontiers un portage panislamique. Que l'on considère l'un ou l'autre de ces vecteurs, la Syrie se trouve en bonne place dans l'horizon stratégique d'Ankara. Qui plus est, toujours dans cette logique de puissance, la Turquie prétend au leadership sur le monde sunnite. Cette lecture expansionniste des intérêts turcs est soutenue par les islamistes qui influencent la vision stratégique portée par le Parti de la justice et du développement (AKP), le parti du pouvoir. Mais les nationalistes au ton antioccidental soutiennent aussi cette orientation de la politique étrangère turque, rejoints en cela par un pan de l'école de pensée eurasiste – l'eurasisme d'obédience kémaliste – connue pour, entre autres, prôner un rapprochement stratégique avec la Russie, l'Iran et la Chine, au détriment du partenariat euro-atlantique dans lequel la Turquie est engagée depuis 1952. En outre, jusqu'aux Printemps arabes, Ankara privilégiait, dans sa stratégie d'influence, les outils de « puissance douce » comme le soutien à l'islam politique et aux Frères musulmans. Toutefois, après le revers qu'a représenté le renversement en Égypte de Mohamed Morsi – un Frère musulman – en juillet 2013 et, à plus forte raison, au lendemain de l'échec du coup d'État dont le président Erdogan estime avoir été la cible le 15 juillet 2016, la politique étrangère turque s'est militarisée. La projection de forces constatée en Syrie dès l'automne 2016, dans la Corne de l'Afrique et au Qatar, où la Turquie dispose de bases, et, plus récemment, en Libye, apparaît comme l'option privilégiée par Ankara pour promouvoir et défendre ce qu'elle estime relever de ses intérêts. Cette tendance a été accélérée par la vive déception éprouvée à l'égard de l'OTAN par la Turquie, qui attendait de la part de l'Alliance une solidarité plus affirmée sur le dossier syrien. Enfin, Recep Tayyip Erdogan a été échaudé par le manque de soutien des pays occidentaux après le coup d'État de 2016, alors que le chef de l'État russe, Vladimir Poutine, de même que le président iranien Hassan Rohani, ont très rapidement exprimé le leur.

L'influence eurasiste kémaliste fournit un terreau idéologique propice à la coopération avec Moscou dans la mesure où il résonne, partiellement, avec le rééquilibrage opéré par la Russie dans sa politique étrangère après le retour de Vladimir Poutine au Kremlin en 2012. Ce rééquilibrage s'apparente à maints égards à un « pivot oriental » tous azimuts (Asie, Afrique du Nord et Moyen-Orient...) effectué par la Russie au détriment de ses relations avec l'Occident. Ce pivot a été catalysé par la crise ukrainienne de 2014 tandis que la politique étrangère russe se militarisait. Le « *regime change* » et l'agenda transformationnel, selon les termes utilisés par Condoleezza Rice en 2006 alors qu'elle occupait le poste de secrétaire d'État américain, poursuivis par les États-Unis dans leur politique étrangère, inspirent de la méfiance aussi bien au Kremlin qu'aux autorités turques. Cependant, en Syrie, Recep Tayyip Erdogan s'est prononcé avec véhémence pour le renversement de Bachar al-Assad. Et il ne s'agit pas là de la seule divergence de fond entre Russes et Turcs sur le dossier syrien.

En Syrie, une coopération compétitive perçue comme mutuellement bénéfique malgré les antagonismes

Russes et Turcs affichent initialement des postures fondamentalement opposées sur la crise syrienne. La Turquie, après avoir tenté de raisonner Bachar al-Assad au début de la révolte en Syrie, s'est ensuite prononcée avec virulence pour son renversement et y a œuvré en soutenant des factions djihadistes. La Russie a, quant à elle, défendu bec et ongles son allié syrien, d'abord matériellement et diplomatiquement, puis militairement à partir de fin septembre 2015 pour le sauver de l'effondrement. Moscou et Ankara sont toutefois parvenues à dépasser ces contradictions originelles et à établir une coopération en Syrie qu'ils perçoivent comme mutuellement bénéfique bien qu'elle soit compétitive. Cette « coopération compétitive » est le produit de la réévaluation de leurs approches respectives de la crise qu'ils opèrent en 2016, année tournant pour les deux acteurs dans le contexte du conflit syrien. Moscou prend en effet conscience, à l'automne 2016, qu'elle a épuisé le potentiel de coopération avec Washington en vue d'une résolution politique de la crise. Les pourparlers entre le ministre russe des Affaires étrangères Sergueï Lavrov et le secrétaire d'État américain John Kerry échouent en septembre 2016, alors que la bataille d'Alep s'engage et que la campagne de l'élection présidentielle bat son plein aux États-Unis. Le Kremlin privilégie alors une approche régionaliste en misant sur une coopération avec Ankara et Téhéran. C'est à la suite d'une initiative proposée par Vladimir Poutine et Recep Tayyip Erdogan à la mi-décembre 2016 que la capitale kazakhstanaise accueille, dès janvier 2017, les premières discussions au format dit « d'Astana ». De son côté, la Turquie réalise au printemps 2016 que sa posture intransigeante l'a conduite dans une impasse en Syrie tandis que ses relations avec la Russie, désormais incontournable au Levant, se sont considérablement dégradées après l'épisode de l'avion abattu (novembre 2015). Ankara opère alors un réajustement illustré par la lettre d'excuses envoyée en juin 2016 par le président turc au Kremlin.

La coopération compétitive turco-russe est caractérisée par des accords tactiques peu durables et dans lesquels des portions du territoire syrien font office de monnaie d'échange. Les différents textes signés par la Russie et la Turquie au cours des trois dernières années – le Mémorandum sur la stabilisation de la situation dans la zone de désescalade d'Idlib (17 septembre 2018), le Mémorandum de compréhension mutuelle entre la Fédération de Russie et la Turquie (22 octobre 2019) et le Protocole additionnel au Mémorandum sur la stabilisation de la situation dans la zone de désescalade d'Idlib (6 mars 2020) – mettent en exergue l'acceptation par les parties de la logique des sphères d'influence. Pour autant, ces documents ne reflètent aucune vision commune des intérêts des deux pays en Syrie, si ce n'est la nécessité de trouver un terrain d'entente. Sur la forme, ils font davantage ressortir une volonté manifestement partagée de préserver l'unité de la Syrie et leur engagement à lutter contre le terrorisme au sens large. Les deux parties font en effet une interprétation très différente de la notion de terrorisme. Ankara regroupe derrière cette étiquette les Unités kurdes de protection du peuple (YPG) – qui coopèrent avec la Russie et que Moscou souhaite voir associées au règlement politique du conflit – et l'État islamique (EI). De son côté, la Russie considère comme terroristes l'EI et le Hayat Tahrir al-Cham (HTC, ex-Al-Qaeda) ainsi que certains groupes djihadistes affidés à la Turquie et retranchés dans la région d'Idlib. Cette dissociation des groupes de combattants entre les radicaux et associés au HTC d'une part et les djihadistes dits modérés d'autre part constitue un écueil permanent dans la relation turco-russe.

Cela dit, ce corpus de textes reflète une opposition partagée à toute forme d'autonomie extensive pour les Kurdes syriens. La convergence la plus puissante entre Russes et Turcs reste d'ailleurs leur volonté commune de voir les Américains – principal parrain des combattants kurdes – quitter la Syrie. Elle est exprimée en creux dans le Protocole additionnel du 6 mars 2020 qui rappelle l'attachement des parties à la « souveraineté, l'indépendance, l'unité et l'intégrité territoriale de la République arabe de Syrie ». Cette convergence de vue s'ancre toutefois dans des logiques différentes. La Russie s'inscrit dans une logique de souveraineté qui consiste à rendre à la Syrie le contrôle de son territoire, occupé à l'est par les Américains, qui apportent une aide militaire et financière aux Forces démocratiques syriennes sous domination des YPG, tandis que des groupes djihadistes sont concentrés dans la région d'Idlib. La Turquie, quant à elle, est motivée par une logique de sécurité qui suppose de chasser de la frontière syro-turque les forces kurdes, d'y établir une « zone de sécurité » et ainsi de prévenir l'émergence de toute entité politique kurde en Syrie. L'établissement de cette « zone de sécurité » – idéalement, dans le projet turc, de 400 kilomètres de long et plus de 30 kilomètres de profondeur – doit en outre, selon Ankara, permettre la relocalisation partielle des 3,5 millions de réfugiés syriens que la Turquie abrite sur son sol.

Russes et Turcs misent davantage sur le *processus* de leur coopération que sur les *résultats* effectivement générés, qui apparaissent très volatiles et imparfaits au regard du nombre de textes signés depuis 2017. Moscou et Ankara exploitent ce processus en comptant sur leurs atouts respectifs – maîtrise du ciel syrien pour la Russie grâce à sa couverture antiaérienne ; influence sur les groupes djihadistes pour la Turquie – afin d'obtenir des concessions mutuelles en vue de réaliser *in fine* leurs objectifs. Vu de Moscou, le « bâton » de sa coopération avec la Turquie s'avère par ailleurs utile pour faire pression d'une part sur les Kurdes, afin qu'ils normalisent leurs relations avec Damas dans la perspective du règlement politique de la crise, et d'autre part sur l'allié syrien, qui se montre souvent difficile. La Turquie, de son côté, a besoin de l'assentiment du Kremlin pour entreprendre toute nouvelle opération militaire dans le nord de la Syrie.

La Russie, en outre, demeure consciente que la participation de la Turquie dans le règlement politique de la crise syrienne reste incontournable. Dans cette perspective, Moscou promeut l'actualisation du protocole d'Adana, conclu entre Damas et Ankara en 1998, et auquel le mémorandum du 22 octobre 2019 fait référence. Le document de 1998 autorise l'armée turque à pourchasser les combattants du Parti des travailleurs du Kurdistan (PKK) en territoire syrien jusqu'à 5 kilomètres de profondeur. Pour Moscou, réactualiser ce texte vise tout autant à accommoder les intérêts sécuritaires de la Turquie sur une base légale qu'à répondre à un objectif de plus long terme fort ambitieux : celui de la normalisation des relations entre la Turquie et la Syrie. Une forme d'interdépendance s'est ainsi installée entre Russes et Turcs, qui font régulièrement face à des montées de tension.

Entre « mode manuel » et approche « sur mesure » : la mécanique russo-turque de gestion de crise en Syrie

À ce jour, la Turquie n'est pas parvenue à créer sa « zone de sécurité », tandis que pèse sur elle le risque quasi permanent d'une reprise des hostilités à Idlib provoquant un nouvel afflux de réfugiés, cette région abritant plus de 3 millions de personnes. Il s'agit là d'une ligne rouge pour Ankara, qui a érigé le retour des réfugiés syriens en objectif politique depuis 2015. Pour sa part, la Russie n'est manifestement pas parvenue à mettre suffisamment à distance les groupes djihadistes, qu'elle accuse d'attaquer régulièrement sa base aérienne de Hmeimim à l'aide d'essaims de drones lancés depuis la région d'Idlib, toujours largement contrôlée par le HTC. Ces objectifs inachevés génèrent des tensions qui ont acquis au fil des deux dernières années une dimension cyclique : à des accrochages succèdent des combats d'une intensité grandissante entre forces loyalistes et djihadistes pro-turcs qui se concluent par l'établissement d'une nouvelle réalité entérinée par un accord tactique russo-turc. Constaté à Idlib, ce cycle avait déjà été observé dans le cadre des autres « zones de désescalade » créées sous les auspices du format d'Astana en mai 2017. Ces zones ont été ensuite « grignotées » par les forces loyalistes avec l'aide de la Russie jusqu'à ce que ne subsistât plus que celle d'Idlib.

Russes et Turcs ont établi, au gré de ces cycles de tensions, un mode de gestion de crise qui fait appel à différents acteurs. Vladimir Poutine et Recep Tayyip Erdogan s'entretiennent ainsi régulièrement au cours de ces phases d'escalade afin de ne laisser place à aucun quiproquo susceptible de dégénérer et de ramener les relations russo-turques au niveau de fin 2015-juillet 2016, voire pire. Ce pilotage du dossier syrien en « mode manuel » par les deux chefs d'État a donné lieu, en 2020, au moment où ces lignes sont écrites, à pas moins de douze entretiens téléphoniques – dont quatre durant le mois de février, lorsque les combats faisaient rage à Idlib – et deux rencontres, soit presque autant que pour la seule année 2019. Les rencontres entre les deux hommes peuvent aussi se dérouler dans le format trilatéral d'Astana, dont la sixième et dernière réunion au niveau des chefs d'État s'est tenue par visioconférence le 1er juillet 2020. Revêtant une forte dimension technique (établissement des anciennes « zones de désescalade », échanges de prisonniers et de corps...), le format d'Astana a eu pour effet d'évincer un peu plus les pays occidentaux de la crise syrienne - un objectif politique partagé par Moscou, Ankara et Téhéran. Avec la disparition des « zones de désescalade », l'utilité du format d'Astana a toutefois pu être questionnée. Un éventuel retrait complet des troupes américaines de Syrie pourrait lui apporter une nouvelle raison d'être en permettant une cogestion tripartite des territoires évacués par les Américains. L'impact de ce forum sur le processus de gestion de la crise à Idlib demeure toutefois limité, la trilatéralisation des discussions servant tout au plus à diluer les tensions russo-turques en réaffirmant des objectifs généraux communs aux trois parrains (intégrité territoriale de la Syrie, lutte contre le terrorisme...). Quant à la rencontre d'Istanbul le 27 octobre 2018 entre Recep Tayyip Erdogan, Vladimir Poutine, Emmanuel Macron et Angela Merkel au sujet de la Syrie, elle apparaît plutôt comme une tentative de la Turquie de consolider sa posture face à la Russie. En effet, si Ankara semble alors plus encline à ouvrir le jeu vers Paris et Berlin, c'est qu'elle s'estime en position de faiblesse face à Moscou. Après avoir « joué le jeu » en octobre 2018, le Kremlin a cependant refusé la nouvelle rencontre dans ce format qu'ont suggérée les Turcs en mars 2020, sur fond d'affrontements à Idlib.

À un échelon inférieur, des mécanismes spécifiques sont établis, sous la houlette, côté russe, d'Alexandre

Lavrentiev, envoyé spécial du président Poutine pour la Syrie, qui agit en tandem avec le vice-ministre russe des Affaires étrangères Sergueï Verchinine, et du ministère de la Défense. Les groupes techniques qu'ils chapeautent avec leurs homologues turcs permettent une gestion au plus près de la situation sur le terrain, avec l'objectif d'éviter un dérapage que provoqueraient les accrochages survenant entre leurs *proxys* respectifs. À cet égard, l'accord mis au point par les Russes et les Turcs le 6 mars 2020 prévoit le déploiement de patrouilles communes sur la portion de l'autoroute M4 qui sillonne la région d'Idlib, afin de surveiller la mise en œuvre du cessez-le-feu et de vérifier le respect du corridor de sécurité de 12 kilomètres entourant cet axe routier (très approximativement respecté d'ailleurs). Il faut attendre août 2020 pour qu'une de ces patrouilles puisse se dérouler sur l'intégralité de l'itinéraire – soit plus de quatre mois après la signature du Protocole additionnel. Russes et Turcs reproduisent ainsi à Idlib en 2020 le schéma de patrouilles qu'ils avaient élaboré dans le cadre de l'accord du 22 octobre 2019 pour « sécuriser » la frontière syro-turque à l'est de l'Euphrate. Il s'agissait alors d'apaiser les craintes sécuritaires turques liées à l'activité des YPG. À Idlib, l'enjeu est plutôt de geler la ligne de front dans un *statu quo* précaire auquel est attachée la Turquie, dont la crédibilité en Syrie repose à ce jour pour une large part sur sa posture dans cette province. Les patrouilles russo-turques – une nouvelle pratique dans les relations bilatérales – s'apparentent ainsi à un outil pour gérer la méfiance réciproque et satisfaire *a minima* les objectifs turcs de sécurité et russes de souveraineté. La coopération militaire russo-turque a pu, enfin, emprunter une autre forme : lors de la bataille d'al-Bab, qui a vu les forces pro-turques enlever la localité à l'EI en février 2017 (opération *Bouclier de l'Euphrate*), les forces aériennes russes ont appuyé l'offensive turque. Il s'agit d'un schéma – qui ne s'est plus reproduit depuis – que Moscou pourrait bien souhaiter rééditer à Idlib contre le HTC si la Turquie ne parvenait pas, comme elle s'y est engagée sans succès en 2018, à apporter une solution au problème posé par ce groupe.

Conclusion

La Syrie a vocation à demeurer un terrain pour la compétition coopérative russo-turque. Force est de constater que, en dépit d'agendas respectifs peu compatibles, Russes et Turcs n'en sont pas arrivés à une nouvelle rupture après la crise survenue fin 2015, ce qui peut s'expliquer par plusieurs facteurs. Tout d'abord, Moscou et Ankara ont pu capitaliser sur l'expérience, accumulée depuis 1991, de gestion des tensions dans d'autres régions où leurs influences se chevauchent, voire s'affrontent (mer Noire, Caucase). Ensuite, pour l'une comme pour l'autre, la « brouille » de la fin 2015 fait figure de repoussoir tandis que le dynamisme de leur partenariat géoéconomique constitue un filet de sécurité. À leurs yeux, le coût d'une nouvelle rupture surpasserait les bénéfices hypothétiques qu'elles retireraient d'une confrontation, ce d'autant plus qu'une forme d'interdépendance s'est installée entre elles en Syrie. Le potentiel de nuisance que conservent Russie et Turquie l'une vis-à-vis de l'autre – et qui ne se limite pas exclusivement au champ syrien – constitue un facteur dissuasif non négligeable. Enfin, les mécanismes spécifiques que les deux pays ont établis dans le cadre de leur coopération compétitive en Syrie reposent sur une relation largement transactionnelle ainsi que sur un modèle de gestion de crise à plusieurs niveaux. Celui-ci implique des interactions qui empruntent plusieurs formes, depuis des entretiens entre dirigeants au sommet de l'État, jusqu'à des patrouilles conjointes sur le terrain. Il en résulte que, quoique disposant d'objectifs concurrents, Moscou et Ankara sont parvenues à ce que la crise syrienne ne devînt pas un verrou pour l'ensemble de leur relation bilatérale. En ce sens, le conflit syrien tend à apporter une certaine résilience à leurs liens. Au final, en l'absence d'une authentique vision commune sur la crise syrienne, et étant donné que ni la Russie ni la Turquie ne semblent prêtes à s'engager dans une confrontation, la seule voie qui s'offre à elles consiste à faire coexister leurs intérêts en Syrie.

Bibliographie sélective

Balci, Bayram, « L'eurasisme et le rapprochement entre la Turquie et la Russie », *Revue internationale et stratégique*, n° 116, 2019/4 p. 134-145.

Erşen, Emre, « The Return of Eurasianism in Turkey. Relations with Russia and Beyond », *in* Erşen, Emre et Köstem, Seçkin (ed.), *Turkey's Pivot to Eurasia. Geopolitics and Foreign Policy in a Changing World Order*, Londres, Routledge, 2019.

MAMEDOV, Ruslan et LUKYANOV, Grigory, « Russia and Turkey: Approaches to Regional Security in the Middle East », in *Deepening Russia-Turkey Relations*, Russian International Affairs Council Report, n° 41, 2019.

ÖZEL, Soli, *The Transatlantic Drift and the Waning of Turkey's « Strategic Westernness »*, Heinrich Böll Stiftung, février 2018.

CHAPITRE 5

De spectateurs à décideurs : comment Ankara et Moscou ont remodelé le conflit libyen

Galip Dalay

Le rôle grandissant de la Turquie et de la Russie au Moyen-Orient a suscité une grande attention de la part de la communauté internationale[1]. Toutefois, ce n'est pas seulement ce rôle qui a laissé les observateurs perplexes. C'est aussi et surtout la nature de leur engagement respectif dans cette région qui en a surpris plus d'un.

Il est vrai que les observateurs se sont prioritairement attachés à analyser la coopération – et la concurrence – entre les deux pays dans le contexte syrien. Mais, après la Syrie, l'imbroglio libyen est le deuxième contexte régional dans lequel la Turquie et la Russie ont exploré les voies d'un engagement structuré. En Syrie, globalement, la Russie a conservé l'avantage dans son engagement avec la Turquie. Dans ce cadre, trois facteurs ont joué en faveur de Moscou et ont créé une asymétrie dans ses relations avec Ankara : la supériorité de la Russie en termes d'escalade militaire, la longueur de la frontière de la Turquie avec la Syrie (vulnérabilité à l'afflux de réfugiés) et les Kurdes (principal talon d'Achille de la Turquie). En Libye, il n'y a pas une aussi grande asymétrie dans les relations russo-turques, la vulnérabilité de la Turquie à l'égard de la Russie y est relativement plus faible. En outre, comme Moscou le souligne souvent, le fait que le régime syrien reconnu par les Nations unies l'ait invitée à intervenir légitime sa présence en Syrie. La Turquie utilise une justification similaire concernant son action en Libye, demandée par le Gouvernement d'entente nationale (*Government of National Accord*, GNA) reconnu par l'ONU. Toutefois, l'engagement mutuel turco-russe en Libye a été limité, tant par sa portée que par sa durée.

Contexte

La Libye a été le premier pays des Printemps arabes dans lequel les soulèvements se sont militarisés, suscitant une intervention de l'OTAN (*Unified Protector*) à la suite de la résolution 1973 du Conseil de sécurité (17 mars 2011). Dans un premier temps, la Turquie s'est vivement opposée à cette intervention. Toutefois, lorsqu'elle a commencé à voir l'intervention occidentale comme inévitable, elle a rapidement changé de position et l'a soutenue. En fait, Ankara a surtout pris en compte l'avantage d'une intervention de l'OTAN, dans laquelle elle a voix au chapitre en tant que membre, par opposition à une intervention franco-britannico-américaine, où elle aurait eu un droit de regard limité voire nul sur les décisions. De plus, l'abstention de la Russie sur la résolution 1973 conférait une légitimité onusienne à la mission de l'OTAN, qui allait conduire au renversement du régime de Kadhafi. À ce stade, tant Ankara que Moscou avaient donné leur assentiment à ce qui était essentiellement une politique occidentale sur la Libye. Ankara, en particulier, a essayé d'accompagner ou de se raccrocher à cette projection de force occidentale.

Cependant, une fois le régime Kadhafi mis à bas, les États-Unis et l'Europe ont montré un bien moindre appétit pour un engagement en Libye. Cela a ouvert la voie à ce que d'autres acteurs viennent combler le vide et à ce que la guerre civile devienne plus dure, le pays étant en proie à la violence incontrôlée des milices. En 2015, avec le réengagement temporaire de l'Occident, l'ONU a négocié l'accord politique libyen qui a donné naissance au Gouvernement d'entente nationale (GNA) reconnu par l'ONU. Mais cela n'a pas mis fin à la guerre civile, ni à la foi de certains acteurs, par exemple l'Armée nationale libyenne (ANL) du maréchal Khalifa Haftar, en une solution militaire au conflit. En fait, peu après, le pays était *de facto* divisé entre le GNA basé à Tripoli et la Chambre des représentants basée à Tobrouk, largement contrôlée par l'ANL. Celle-ci, aidée par l'Égypte, les Émirats arabes unis (EAU) et la Russie, et croyant en une solution militaire et une victoire totale, a lancé une offensive militaire en avril 2019 pour reprendre Tripoli et contrôler l'ensemble de la Libye. Pour la Turquie, alors que l'ANL gagnait du terrain, ne pas agir aurait signifié une défaite à la fois pour le GNA et pour la politique libyenne d'Ankara. Cela aurait été un coup dur pour ses positions en Méditerranée orientale et au Maghreb. Ainsi, la Turquie a décidé d'entreprendre, fin 2019, une intervention musclée pour protéger le GNA et ses propres intérêts plus larges.

Les moteurs du rôle actif de la Turquie et de sa quête d'engagement avec la Russie

Les objectifs de la Turquie dans son intervention et sa politique résolue en Libye sont de plusieurs ordres. Sur le plan économique, les entreprises turques (notamment les entreprises de construction) étaient très actives pendant l'ère Kadhafi – par exemple, avant 2011, il y avait environ 25 000 travailleurs turcs dans ce pays. Il existe de nombreux contrats suspendus qui datent de cette époque. La question de savoir qui contrôle Tripoli est donc décisive, notamment par rapport à l'obtention de ces contrats par la Turquie, et des paiements afférents. Ankara convoite également une part de la future reconstruction de la Libye, en particulier une présence dans les secteurs énergétique et financier. Par ailleurs, les clivages politiques et géopolitiques régionaux nés des Printemps arabes se manifestent pleinement en Libye, où la Turquie est engagée dans une rivalité féroce avec les forces anti-Printemps arabes que sont les Émirats arabes unis, l'Égypte et, dans une moindre mesure, l'Arabie saoudite. En outre, la Libye est également le théâtre d'une confrontation géopolitique entre la Turquie et la France, qui soutiennent des parties différentes dans le conflit. Le but de la politique libyenne d'Ankara est de ne pas perdre de terrain dans cette lutte de pouvoir à plusieurs niveaux. La Turquie voit l'imbroglio libyen à travers le prisme d'un jeu de puissance plus large et des rivalités géopolitiques en Méditerranée orientale. Ces dernières années, Ankara a eu le sentiment qu'un nouvel ordre énergétique et sécuritaire émergeait dans cette région, ordre centré sur une coopération étroite entre l'Égypte, Israël, la Grèce et Chypre, et dont la Turquie était exclue. Ankara s'applique à perturber et saper ce cadre émergent. Pire encore pour la Turquie, un nombre croissant de voix au sein de l'*establishment* américain a plaidé en faveur d'un soutien des États-Unis à ce nouveau cadre[2]. Cela a achevé de convaincre les décideurs politiques turcs que les États-Unis sont engagés dans une politique d'endiguement *soft* de la Turquie dans cette région et que celle-ci doit agir de manière plus vigoureuse, en ayant davantage recours au *hard power* et en adoptant une approche plus musclée afin de protéger ses intérêts dans la région. La politique de la Turquie en Libye est une claire manifestation de ce raisonnement.

Dans une veine similaire, la Russie, *via* son rôle accru dans le conflit libyen, acquiert des sources supplémentaires de pression et d'influence vis-à-vis de l'Europe à mesure que son emprise sur une importante porte d'entrée des réfugiés en Europe augmente. De même, avec l'amplification de son implication militaire en Libye, Moscou a gagné en influence auprès des pays arabes pro-ANL ou pro-Haftar tels que les EAU, l'Égypte et l'Arabie saoudite. Aux yeux de ces derniers, le rôle militaire croissant de la Turquie en Libye a renforcé l'importance de la Russie comme contrepoids. En outre, la campagne de la Russie en Libye affermit sa position dans la géopolitique de la Méditerranée orientale, une sous-région de plus en plus importante pour la sécurité européenne et un point d'inflammation majeur de la géopolitique régionale dans la zone Moyen-Orient/Afrique du Nord et en Méditerranée. Il convient d'ajouter que la Russie convoite également une part du gâteau financier, énergétique et de la reconstruction de la Libye.

En 2019, des développements clés du point de vue des relations turco-russes en Libye ont eu lieu. En avril, l'ANL de Khalifa Haftar a lancé une offensive pour reprendre Tripoli au GNA, allié crucial pour la Turquie. Cette offensive était pleinement soutenue par les Émirats arabes unis, l'Égypte et la Russie. Alors que Haftar réalisait des avancées majeures, la quête de soutiens régionaux et internationaux du GNA resta infructueuse. Face au risque de la chute du GNA, qui aurait évincé la Turquie de la scène libyenne et porté atteinte à ses intérêts non seulement en Libye mais aussi en Méditerranée orientale, Ankara a entrepris de renforcer son soutien militaire au GNA. À cet effet, elle a signé deux protocoles d'accord avec le GNA en novembre 2019 : un sur la « délimitation des zones de juridiction maritime » en mer Méditerranée et un sur la coopération sécuritaire et militaire. Avec le premier, la Turquie a cherché à perturber le cadre sécuritaire et énergétique émergent en Méditerranée orientale, tandis qu'avec le second, Ankara s'est effectivement engagée à protéger le GNA. Pour concrétiser cet engagement, la Turquie a entrepris un déploiement militaire direct en soutien au GNA, notamment en fournissant des équipements militaires (en particulier des drones armés) et en recrutant et transférant des combattants syriens en Libye pour combattre au profit du GNA. L'objectif de cette politique était d'empêcher la chute du GNA, d'établir l'équilibre de la dissuasion sur le terrain et d'ouvrir la voie à un processus politique dans lequel la Turquie et le GNA entreraient en position de force.

Ces facteurs ont incité la Turquie à renforcer son poids dans l'imbroglio libyen. Une autre série de facteurs l'a encouragée à s'engager avec la Russie pour explorer les moyens d'orienter le cours du conflit libyen. D'une part, l'expérience que la Turquie et la Russie ont acquise en Syrie dans le cadre des processus d'Astana et de Sotchi, ainsi que par le biais des multiples accords bilatéraux sur Idlib, un véritable apprentissage, les a rendues plus enclines à rechercher des arrangements du même ordre en Libye. Une inclination augmentée par le fait que les deux pays ont accru leur empreinte militaire et politique dans le pays, en particulier vers la fin de 2019, les bons rapports et la chimie personnelle entre les présidents Poutine et Erdogan faisant le reste.

D'autre part, la réticence des États-Unis à s'impliquer plus profondément ajoutée à la désunion des puissances européennes en Libye, notamment la France et l'Italie, a augmenté la visibilité des EAU, de l'Égypte, de la Russie et de la Turquie dans le conflit. Dans le même ordre d'idées, la Turquie s'est montrée mécontente des multiples initiatives diplomatiques européennes dans le conflit, telles que les conférences de Paris et de Palerme en 2018. Ankara a estimé qu'elles ne prenaient pas suffisamment en compte ses intérêts. Pour manifester sa contrariété face à l'effort diplomatique italien, la Turquie s'est retirée de la conférence de Palerme de 2018 quand il est apparu que l'Égypte tentait de susciter une réunion sur le sujet dans le cadre de cette conférence, qui n'incluait pas Ankara et ne figurait pas à l'ordre du jour officiel de l'événement (selon la partie turque)[3]. L'absence relative des États-Unis, la désunion des Européens (et le mécontentement turc à l'égard de leurs politiques) sur la Libye et la compétition de puissance avec les Émirats arabes unis et l'Égypte ont fait de la Russie, pour Ankara, l'acteur avec lequel il est le plus aisé de s'engager, ce quoique les intérêts et aspirations des deux pays soient en compétition.

Mécanismes de coopération et de compétition

Avant d'entamer un engagement diplomatique sur la Libye, Moscou et Ankara ont cherché à modifier la carte militaire du conflit et à consolider les positions militaires sur le terrain. En particulier, après la signature des deux protocoles d'accord avec le GNA en novembre 2019 et après que le Parlement turc eut autorisé le déploiement de forces turques en Libye le 2 janvier 2020, Ankara a considérablement renforcé son soutien militaire au GNA. Elle a en particulier cherché à établir une supériorité aérienne d'abord autour de Tripoli, puis d'autres parties de l'ouest de la Libye. Cette politique a suscité un changement de dynamique militaire considérable sur le terrain, au profit du GNA.

Ces changements militaires se sont faits plus apparents à partir d'avril 2020. Avec la prise de villes de l'ouest de la Libye, telles que les importantes villes côtières de Sabratha, Surman et Al-Ajaylat, la base aérienne stratégique d'Al-Watiya (qui était aux mains des combattants loyaux à Khalifa Haftar depuis 2014), et Tarhuna, le GNA avait établi un contrôle presque complet sur l'ouest du pays. Les succès militaires du GNA n'ont toutefois pas dissuadé la Russie. Au contraire, celle-ci, de même que d'autres soutiens extérieurs de l'ANL, a redoublé d'efforts militaires en Libye, y déployant des avions de combat *via* la Syrie[4]. Ainsi, avant de s'engager dans un effort diplomatique, la Russie et la Turquie ont travaillé au renforcement des positions militaires de leurs alliés sur le terrain et dénigré leurs politiques respectives en Libye. Tandis qu'Ankara critiquait la présence de la société de sécurité prétendument privée russe, le groupe Wagner, Moscou dénonçait le déploiement par la Turquie de mercenaires syriens en Libye, ce alors qu'elle-même recrutait des combattants syriens dans les zones contrôlées par le régime pour combattre aux côtés de l'ANL.

Parallèlement à ces stratégies de consolidation militaire sur le terrain, Moscou et Ankara ont exploré les moyens de lancer un processus bilatéral visant à redessiner non seulement les cartes du conflit mais aussi les paramètres politiques d'un processus de résolution. En fait, à la veille de la conférence de Berlin du 19 janvier 2020, Moscou et Ankara ont accéléré leurs efforts pour négocier un accord sur la Libye. Le 8 janvier 2020, les présidents Poutine et Erdogan ont appelé à un cessez-le-feu entre le GNA et l'ANL et tenté de le négocier ; cependant, ces efforts n'ont pas abouti, Haftar quittant Moscou sans avoir signé l'accord de cessez-le-feu le 14 janvier. Si leurs initiatives avaient été couronnées de succès, la conférence de Berlin aurait été partiellement vidée de sa substance, de la même manière que les processus d'Astana et de Sotchi ont affaibli le processus de Genève sur le conflit syrien.

Implications et prospective

Malgré leur échec à amorcer un processus politique bilatéral en Libye, Ankara et Moscou n'ont pas complètement renoncé à consolider leur influence militaire sur le terrain, ni à leur engagement diplomatique bilatéral sur la Libye. Leurs stratégies militaires ont produit des résultats. Depuis la conférence de Berlin, deux nouvelles tendances se sont affirmées clairement. Premièrement, Haftar a été considérablement affaibli militairement et son espoir de prendre le contrôle de Tripoli a été anéanti, ce qui constitue une victoire majeure pour la campagne militaire de la Turquie dans ce pays déchiré par la guerre. Deuxièmement, la Russie s'est imposée comme le *primus inter pares* parmi les soutiens extérieurs d'Haftar, soit, outre la Russie, les Émirats arabes unis, l'Égypte, la France et l'Arabie saoudite. Ces deux évolutions sont positives pour la Turquie - pour des raisons évidentes pour la première ; pour la seconde, le fait est que la Russie, parmi tous les soutiens d'Haftar, est le pays avec lequel la Turquie a développé les relations, aussi bien de coopération que de concurrence, les plus fonctionnelles et les plus étendues au cours des dernières années.

Cependant, malgré ces tendances positives, il existe des limites à tout engagement turco-russe sur la Libye. Il est peu probable que leur efficacité militaire individuelle sur le terrain se traduise par une efficacité diplomatique bilatérale comparable, ce pour plusieurs raisons. Premièrement, si l'on prend l'exemple de la Syrie, et si l'on met de côté les États-Unis, le trio d'Astana (Turquie, Russie, Iran) est le seul acteur extérieur capable de modifier la dynamique militaire sur le terrain de manière significative. En revanche, en Libye, un plus grand nombre d'acteurs régionaux et internationaux sont dans le jeu. Cela signifie davantage de fauteurs de troubles susceptibles de saper tout accord bilatéral turco-russe sur le conflit. Ainsi, même si des déclarations ou feuilles de route turco-russes étaient annoncées, elles ne constitueraient pas une forme de « processus d'Astana », susceptible de dessiner la carte politique et militaire du conflit de la même manière que le processus d'Astana original l'a fait en Syrie. Deuxièmement, la Turquie poursuivra sa politique à double voie, avec les États-Unis et la Russie, sur la Libye. À cet égard, la position anti-russe des États-Unis en Libye sert les intérêts turcs. De plus, Ankara n'a pas de point de friction majeur avec Washington en Libye, contrairement à la Syrie (à propos des Kurdes). À moins d'une révision de la politique américaine à l'égard de la Libye qu'Ankara jugerait contraire à ses intérêts, la Turquie veillera à ne pas contrarier Washington – surtout compte tenu des liens entre la crise libyenne et la rivalité de puissance entre la Turquie et un ensemble de pays de la Méditerranée orientale, dans laquelle un soutien supplémentaire des États-Unis au camp anti-Turquie pourrait changer la donne. Par conséquent, si Ankara s'engage avec la Russie sur la Libye, elle veut également capitaliser sur le spectre de l'influence grandissante de Moscou aux portes de l'Europe pour faire pression sur l'Occident, en particulier les États-Unis, afin qu'il soutienne sa position.

Au lieu d'essayer d'atteindre ses objectifs par le biais d'une entente bilatérale avec la Russie, la Turquie cherche à les réaliser par la consolidation militaire sur le terrain et la flexibilité diplomatique. En termes de dynamique militaire, il semble que Syrte, la porte du croissant pétrolier en Libye, soit devenue une nouvelle ligne de démarcation entre les zones de contrôle du GNA et de l'ANL et les sphères d'influence turque et russe (ainsi que, donc, celles de l'Égypte et des Émirats arabes unis). Ainsi, la dynamique militaire Turquie-GNA semble s'être essoufflée. À ce stade, la Turquie va se concentrer sur la consolidation de sa présence/influence dans la zone contrôlée par le GNA et sur la transformation des gains militaires en gains politiques, économiques et stratégiques, autant et aussi vite que possible. À cet effet, Ankara a signé une pléthore d'accords avec le GNA dans les domaines économique, financier, de l'énergie et de la sécurité. La matérialisation, ou non, future de ces accords est une autre question. En cas de changement de gouvernement ou d'évolution de la structure ou de la composition du pouvoir en Libye, la Turquie s'attachera à faire en sorte que les accords qu'elle a signés avec le GNA soient préservés, et que ses alliés conservent leur rôle et leur influence. Pour ce qui concerne la sécurité, la principale préoccupation de la Turquie sera d'empêcher l'instabilité et les luttes intestines à Tripoli et Misrata. Sur le plan stratégique, Ankara continuera à renforcer ses bases aérienne (Al-Watiya) et navale (Misrata). Parallèlement, elle va redoubler d'efforts sur la réforme du secteur de la sécurité, le renforcement des institutions et la constitution d'une armée dans l'ouest de la Libye. Elle pense pouvoir assurer ainsi la pérennité de son influence dans le pays. Toutefois, l'absence d'un allié international engagé sera l'une de ses principales faiblesses dans l'imbroglio libyen. Ainsi, il ne serait pas surprenant qu'à terme la Turquie constate un écart important entre ses succès militaires et son niveau d'influence politique dans le pays, dont on peut même anticiper le déclin.

Pratiquement depuis le début du conflit en Libye, la Turquie et la Russie ont eu à courir derrière la politique occidentale ou les évolutions sur le terrain. Leurs politiques ont été surtout réactives. Toutefois, dans la phase récente du conflit, les deux acteurs ont cherché à en redessiner et à en redéfinir la carte de manière proactive, principalement sur le plan militaire, mais aussi, partiellement, sur le plan politique. Et l'augmentation de leur influence dans la crise libyenne s'est faite au détriment des acteurs occidentaux.

Bibliographie sélective

Arab Center for Research and Policy Studies, « The Libya-Turkey Memorandum of Understanding: Local and Regional Repercussions », *Arab Center Washington DC*, 2 janvier 2020, en ligne : https://arabcenterdc.org/resource/the-libya-turkey-memorandum-of-understanding-local-and-regional-repercussions/.

Dalay, Galip, « Turkish-Russian Relations in Light of Recent Conflicts. Syria, Libya, and Nagorno-Karabakh », *SWP Research Paper*, n° 5, août 2021.

Russie-Turquie

DALAY, Galip, « Turkey's Libya Policy: New Flexibility, New Goals », *ISPI Commentary*, 27 mai 2021, en ligne : https://www.ispionline.it/en/pubblicazione/turkeys-libya-policy-new-flexibility-new-goals-30609.

« The Berlin Conference on Libya: Conference Conclusions », communiqué de presse 31, Bureau de presse et d'information du gouvernement fédéral, Allemagne, 19 janvier 2020, en ligne : https://www.bundesregierung.de/breg-en/news/the-berlin-conference-on-libya-1713882.

CHAPITRE 6

Le repositionnement de la Turquie en mer Noire face à la Russie

Jean-François Pérouse

L'annonce tonitruante faite fin août 2020 par le président Erdogan de la découverte sur le plateau continental turc en mer Noire de gisements de gaz exploitables d'ici 2023 est survenue à un moment de tensions sur plusieurs fronts. Tant et si bien qu'alors même que le président turc insistait sur sa volonté de faire valoir fermement les droits de son pays tous azimuts, mer Noire comprise, ce théâtre d'action a été oublié par les observateurs internationaux, relégué derrière la Méditerranée orientale (Chypre/Libye) et la mer Égée. Pour autant, depuis une dizaine d'années, la Turquie accorde une importance accrue à sa façade pontique et, au-delà, à l'ensemble de l'espace de la mer Noire qu'elle semble redécouvrir et (re)positionner dans son nouveau jeu international. « Mer du Nord » dans les langues turques, la mer Noire s'impose, du point de vue turc, comme l'un des plus « naturels » et anciens théâtres d'interactions avec le « voisin » russe. Dès lors, elle ne peut que refléter la redéfinition des relations turco-russes telle qu'elle s'est opérée ces derniers temps.

Notre hypothèse est que la mer Noire serait devenue, ces dernières années, une nouvelle frontière – à la fois symbolique, infrastructurelle, économique et stratégique – de la Turquie. Cela signifierait que le vœu exprimé dès 1996 par l'ancien ministre des Affaires étrangères (2009-2014) Ahmet Davutoglu, celui d'une plus grande prise en compte de la mer Noire dans la construction de la politique étrangère et de la stratégie de la Turquie, a été exaucé. En mettant de côté la dimension énergétique, plus connue, il est intéressant d'analyser, à partir des sources turques, les modalités du repositionnement de la Turquie en mer Noire, face ou avec la Fédération de Russie.

La mer Noire, un nouvel horizon de la politique étrangère et de sécurité de la « Nouvelle Turquie » ?

Depuis le milieu des années 1990 (on pourrait retenir comme repère la fin 1993, date du premier règlement turc sur la circulation internationale dans les Détroits), la mer Noire a cessé, du point de vue turc, d'être un horizon fermé, stérilisé et verrouillé par la seule domination russe. En tant que mer et, au-delà, en tant qu'ensemble régional, elle semble avoir repris un sens, une consistance, une profondeur (pour paraphraser Davutoglu) et être devenue un enjeu, une ressource multiforme et un théâtre stratégique à investir. Autrement dit, la mer Noire n'est plus une impasse, un cul-de-sac pour la Turquie, mais un nouveau front sur lequel prendre place et fonction.

L'ouverture de la Turquie sur la mer Noire, parallèle à ce déconfinement dans les représentations, s'opère d'abord à une échelle nationale. Rappelons que les territoires riverains de la mer Noire ont été dévitalisés par le départ violent des Arméniens et des Grecs pontiques après 1915, d'une part, et par les migrations vers les grandes agglomérations des années 1950-1990 d'autre part. Cependant, depuis une quinzaine d'années, la Turquie déploie d'importants efforts en vue de freiner l'hémorragie, de développer et de mieux intégrer sa façade pontique afin d'en faire une interface active et mieux connectée. L'achèvement, en 2007, de la « route littorale de la mer Noire » (*Karadeniz sahil yolu*) marque une première étape dans cette réappropriation. Par ailleurs, nouveaux ports, redéploiement des ports existants (comme celui de Trabzon), liaisons ferrées nouvelles ou réaménagées, voies express et tunnels routiers[1] contribuent à ce processus, publicisé sous l'expression galvaudée des « nouvelles routes de la Soie ».

Mais depuis quelques années, parallèlement à la prise de conscience que la mer constituait un ensemble à valeur patrimoniale communément reconnue par tous ses riverains engagés à le protéger, la mer Noire intégrale - c'est-à-dire pas seulement la mer Noire proche/ turque - semble avoir été réinvestie dans la perception de la sécurité nationale du pays. Elle est devenue une entité à part entière, composante de l'identité stratégique nationale, à l'articulation « entre Balkans, Caucase et Moyen-Orient », pour reprendre la formulation d'un document de référence du ministère turc de la Défense nationale. En cela, la mer Noire s'inscrit parfaitement dans le cadrage récurrent, fondé sur la rhétorique d'une Turquie exaltée comme pont et carrefour, en position de faire lien et équilibre entre des ensembles géopolitiques distincts.

Ce changement de perception est évidemment lié à la disparition de l'URSS et à l'effondrement du bloc communiste qui lui était inféodé. Cette rupture majeure de l'ordre géopolitique régional a entraîné comme un vide, voire un appel d'air en mer Noire, et fait émerger à la fois de nouvelles sources d'inquiétude, de nouvelles sollicitations et de nouvelles opportunités pour la Turquie. Dans ce contexte, cette dernière a cherché à se doter d'une stratégie pontique à part entière en vue d'éviter que la mer Noire ne devînt un « trou noir » géopolitique. C'est pourquoi la mer est entrée en tant que telle dans les préoccupations géopolitiques turques. Ce regain d'intérêt est aussi en phase avec les nouvelles ambitions internationales affichées par le pouvoir turc depuis le milieu des années 2000, qui se traduisent par une volonté permanente d'affirmer le rôle de la Turquie sur la scène internationale en général et régionale en particulier, comme acteur à part entière qui pèse et qui compte. Ces ambitions procèdent d'un désir de puissance, et d'influence, puisant de temps à autre dans les grandeurs reconstruites du passé impérial ottoman. Elles sont aussi indissociables d'un souci de développement économique, qui s'exprime par le projet d'intégrer en 2023 (date du centenaire de la République turque) le club des dix premières puissances économiques de la planète. À cet égard, le renforcement récent du complexe militaro-industriel turc et l'accroissement considérable des exportations turques d'armement sont particulièrement notables. L'ambition principale est de développer la part de la composante « nationale » – c'est-à-dire conçue et montée en Turquie – dans l'armement utilisé par les Forces armées turques (TSK). De même, la Turquie tient à se positionner en puissance-référence, prodiguant matériel et conseil militaires aux « petits » riverains de l'ouest du bassin pontique (Roumanie, Bulgarie et Moldavie), de l'est (Géorgie), mais aussi à l'Ukraine.

Au total, le repositionnement de la Turquie vis-à-vis de la mer Noire convoque plusieurs légitimités successivement ou simultanément activées : une légitimité géographique, qui rappelle que la Turquie est à la fois le pays riverain qui possède le plus long linéaire côtier (avec plus de 1 700 kilomètres) et un pays carrefour, nanti d'un potentiel de mise en connexion à valoriser ; une légitimité historique, qui se plaît à faire référence aux temps où la mer Noire était un « lac ottoman » ; une légitimité ethnique et religieuse, qui estime que la Turquie a un droit de regard et même une mission de parrainage vis-à-vis des populations religieusement ou ethniquement apparentées de la grande mer Noire (en incluant le Sud-Caucase) ; et enfin une légitimité d'ordre politico-économique, qui renvoie aux nouvelles ambitions internationales d'un pays qui se pense désormais comme une puissance (auto-) investie d'un croissant *leading role.*

En parallèle, à l'instar de l'ensemble des nouvelles stratégies d'influence turques déployées à une échelle globale, les capacités du *soft power* turc dans les pays riverains de la mer Noire ont été notablement renforcées ces dernières années, alimentées par des moyens grandissants, de nouvelles institutions et une production idéologique abondante axée sur la référence ottomane, la référence turciste et, dans une mesure contrôlée, la référence musulmane. Les trois références convergent le plus souvent dans cet effort pour « réconcilier la Turquie avec son histoire et sa géographie » (selon les termes d'Ibrahim Kalin, porte-parole de la présidence turque depuis décembre 2014). Il s'agit par là d'exalter le moment de la *pax ottomanica* en mer Noire (jusqu'à la conquête de la Crimée en 1783), de soutenir dans la défense de leurs droits et dans leurs revendications identitaires les « frères de race » - selon l'expression officielle - et les frères en religion. Ce, souci constant, sans heurter le partenaire russe. De la sorte, la Turquie s'emploie à s'imposer à la fois comme un diversificateur d'influences (contre les hégémonies), un médiateur « naturel » et indispensable au service de la paix et de la justice régionales, et comme une puissance économique et politique régionale dotée d'une légitimité et d'un droit de regard et d'intervention quasi permanent.

Une vision en voie d'autonomisation des intérêts nationaux turcs en mer Noire

Comme l'a déclaré clairement en décembre 2018 un député AKP de Trabzon (ex-Trébizonde) à l'occasion de l'annonce du projet d'aménagement d'une nouvelle base navale sur la côte pontique turque, les dirigeants actuels de la Turquie ne « veulent pas laisser la mer Noire à des puissances extérieures ». L'autonomisation de la vision qu'a la Turquie de la sécurité en mer Noire et de ses intérêts nationaux dans la zone est à la fois symbolique ou cognitive et programmatique et matérielle. Elle se traduit par tout un faisceau de réflexions stratégiques tendant à soutenir la nécessité pour la Turquie d'avoir sa propre vision, indépendante de celle de l'OTAN, sans être pour autant soumise à la vision russe. Entre ces deux visions perçues comme dominantes, la Turquie s'efforce donc de bâtir une « troisième voie » et d'être une manière de *honest broker*. Résolue désormais dans son désir de mise à distance critique mais raisonnable vis-à-vis de l'OTAN (ainsi que de l'OSCE et de l'UE), la Turquie a aussi intégré la nécessité de ne pas froisser l'encombrant partenaire russe. Ainsi, la participation de cette dernière (en tant que membre de l'OTAN) aux manœuvres maritimes *Sea Breeze*, menées pourtant conjointement avec l'Ukraine (et la Géorgie), en juin 2021 n'a pas soulevé l'opprobre de la Russie, accoutumée au jeu d'équilibre de son voisin méridional.

Un peu de la même manière que la mer Noire ne constitue pas une région caractérisée par une intégration stable et formalisée de ses membres/riverains, le très présent voisin du Nord n'est pas un « allié stratégique » de la Turquie, malgré les efforts de coordination stratégique entre les deux pays sur certains dossiers, paradoxalement renforcés après les tensions de 2015. L'engagement militaire croissant de la Russie sur le terrain syrien et la montée en puissance *de facto* de la Russie dans la zone mer Noire confirmée en 2014 imposent de plus en plus à la Turquie de se concerter avec elle. L'obligation de ne pas heurter le partenaire russe, qui fascine par sa force d'action internationale et par sa capacité à tenir tête à l'Occident – Vladimir Poutine représente, sous cet aspect, un modèle de super-présidence pour Erdogan –, se nourrit d'abord à une dépendance économique et surtout énergétique (encore renforcée en 2020 avec l'achèvement du *Turkish*

Stream, gazoduc sous-marin destiné à court-circuiter l'Ukraine pour l'exportation du gaz russe).

Ce partenariat obligé s'est enrichi ces dernières années de toute une série de dossiers qui dessinent une relation asymétrique, au sein de laquelle les initiatives n'appartiennent généralement pas à la Turquie. En ce sens, le dossier « mer Noire » doit être considéré comme une des dimensions de la complexe et inégale relation à la Russie, influencée plus ou moins directement par les autres dimensions et théâtres de la relation - mer Noire et Moyen-Orient sont des *communicating vessels* –, mais pouvant néanmoins acquérir une certaine autonomie. Cependant la relation privilégiée, par nécessité, à la Russie n'empêche pas la Turquie, spécialement depuis 2014, de chercher à maintenir, voire à développer, les liens de tout type avec l'Ukraine. Par exemple, dans le cadre des manœuvres *Deniz Yildizi-2017*, la flotte turque a fait une étape à Odessa le 7 avril 2017, après une étape russe (à Novorossiïsk). À cette occasion, la Turquie a tenu à rappeler son souci de maintenir des liens stratégiques avec l'Ukraine, parallèlement à et indépendamment de ceux qu'elle a avec la Fédération de Russie. Et à l'instar de ce qui a été fait avec la Russie en 2010, un « Haut Conseil stratégique » turco-ukrainien a été instauré dès 2011 pour encadrer la relation permanente avec cet autre grand voisin du Nord, perçu lui aussi comme un « partenaire naturel » et un marché proche à ne pas négliger.

En outre, conséquence du processus d'otanisation de la mer Noire concrétisé en 2004 par l'intégration de la Roumanie et de la Bulgarie au sein de l'Alliance, la Turquie s'est retrouvée incitée à redéfinir le sens de son appartenance ancienne à l'OTAN compte tenu des nouveaux équilibres régionaux et des inquiétudes russes quant à la perspective d'une perte de monopole d'influence sur les riverains de la mer Noire. Incontestablement, le coup d'État manqué de juillet 2016 a accéléré le renouvellement de la haute hiérarchie militaire. En effet, ce sont principalement des « euro-atlantistes » - en tout cas des responsables militaires très familiers des États-Unis et de l'OTAN - qui ont été expulsés, traînés devant les tribunaux, discrédités ou incarcérés.

D'autre part, le grand canal artificiel mer Noire-mer de Marmara, dit « Kanal Istanbul » (dont l'aménagement a été annoncé en juin 2011), pourrait être un moyen pour la Turquie d'accroître à la fois sa capacité d'influer et ses ressources tirées de sa position géostratégique. En effet, si ce canal pharaonique (45 kilomètres de long !) voyait le jour, toute la circulation maritime internationale pourrait y être reportée et les conditions régissant celle-ci devraient être totalement différentes de celles qui régissent le passage par les Détroits naturels. Néanmoins, au plus fort de la crise russo-turque de la fin 2015, les bâtiments militaires russes continuaient d'emprunter le Bosphore pour se rendre dans les ports du littoral syrien.

La dimension militaire de la présence turque en mer Noire

La gestion militaire turque de la mer Noire relève d'un sous-commandement spécifique (dont le siège est situé à Karadeniz Eregli), partie du « Commandement des mers du Nord », localisé à Istanbul. L'important est qu'on assiste à une consolidation du dispositif militaire turc permanent sur les rives de la mer Noire, les anciens postes de l'OTAN passant aux mains de la marine turque et de nouveaux équipements apparaissant. À cet égard, l'indice récent le plus frappant est sans doute le projet de nouvelle base navale sur la côte de la mer Noire, à l'est de Trabzon, rendu public en décembre 2018. Pour l'instant, il n'y a qu'une base navale sur les rives turques de la mer Noire, celle de Bartin (base sous-marine), construite au début des années 1960 par un pays qui venait d'intégrer l'OTAN. La nouvelle base projetée sera, elle, « entièrement turque ». D'après les déclarations officielles faites en décembre 2018, cette « neuvième base navale » turque devrait compter 400 militaires et employer de 500 à 600 civils. Pour le député de Trabzon Salih Cora, il s'agit pour la Turquie, « à un moment où elle est forte, d'assurer les conditions d'une garantie de la paix... », sans « laisser la mer Noire à des puissances extérieures ». La volonté turque d'afficher une plus grande présence permanente en mer Noire et de mieux s'approprier et surveiller cette zone est patente.

Certes, ce n'est qu'une part - croissante - de la flotte turque en expansion qui est stationnée en mer Noire. Mais comme la mer de Marmara peut être considérée comme une antichambre de cette dernière, on peut dire que les capacités turques dépassent largement celles de tous les autres pays riverains, Russie exceptée.

Fin 2006, l'association de la Fédération de Russie à l'initiative turque dénommée « Harmonie en mer Noire »

(KUH pour le turc ou OBSH pour l'acronyme anglais) institutionnalise la coopération navale avec le voisin du Nord. Si l'Ukraine a aussi rejoint cette initiative (2007), et si la Géorgie en 2013 puis la Bulgarie en 2015 ont chacune fait part de leur intention d'en faire partie, c'est principalement l'axe turco-russe qui la structure et l'anime, à en juger par les moyens dévolus ainsi que par l'intensité des rencontres et échanges bilatéraux. La crise du détroit de Kertch en mer d'Azov en novembre 2018 a bien illustré la spécificité du positionnement turc. Opposant, notamment au nom de la convention de Montreux de 1936, une fin de non-recevoir à l'Ukraine, dont le chef de la flotte a explicitement demandé que la Turquie ferme ses Détroits en représailles aux agissements jugés agressifs de la partie russe, la Turquie s'est bien gardée de prendre position pour l'un ou l'autre des protagonistes dans ce nouvel épisode de la crise russo-ukrainienne – cherchant plutôt à cultiver son rôle de modérateur régional disposé à empêcher toute escalade.

*

Au final, une fois posé le constat d'une réorientation pontique de la vision stratégique générale turque, on serait assez enclin à partager l'analyse de Boris Toucas selon laquelle « *Turkey has no allies in the Black Sea, only interests*[2] ». Il faut refuser le diagnostic d'un glissement stratégique inconditionnel de la Turquie vers la Russie (voire vers l'Iran), qui ne résiste pas à l'examen. La Turquie veut prendre une place dans le concert géopolitique régional et remplir la mission d'exception à laquelle croient ses dirigeants. Elle sait jouer de son multipositionnement (et de sa position géographique), des crises régionales (Ukraine, Syrie, Arménie/Azerbaïdjan[3]) et des contradictions de ses très divers partenaires pour pousser son propre agenda et maximiser ses profits à la fois politiques, symboliques et économiques. En outre, on doit considérer la mer Noire « redécouverte » par la Turquie comme une chambre d'écho de tensions extérieures et d'ambitions d'une toute autre échelle sur lesquelles la Turquie cherche à avoir prise mais qui la contraignent aussi fortement. Forte de son identité et de sa légitimité pontiques tout juste réévaluées, en dépit de la complexité des enjeux interférant dans cette zone, dont une partie lui échappe, la Turquie paraît déterminée à y accroître sa présence pour la défense de ses intérêts propres et l'accomplissement des missions régionales et internationales qu'elle s'assigne désormais. Ce réinvestissement maritime aux confins récemment redéfinis de l'OTAN ajoute donc une nouvelle dimension à la relation russo-turque déjà « multisite » ; de façon systémique, les tensions vécues sur d'autres théâtres d'interaction peuvent se répercuter en mer Noire. À l'inverse, la reconstruction volontariste de ce voisinage maritime peut avoir des incidences sur les autres interfaces en enrichissant le portefeuille d'atouts dans les négociations.

Bibliographie sélective

Adam, Balcer, « Between Appeasement and Rivalry: Turkey and Russia and their Neighborhoods », *in* Aydin-Düzgit *et alii* (éd.), *Global Turkey in Europe-III*, Rome, IAI, 2015, p. 49-54.

Erbaş, Göknil, *Mutation de la géopolitique de la mer Noire : d'une géopolitique classique à une géopolitique critique*, traduit du turc, thèse à l'université d'Ankara, 2012.

Hasret, Çomak (dir.), *Karadeniz Jeopolitiği* [Géopolitique de la mer Noire], Istanbul, Beta Yayinlari, 2017.

Konarzewska, Natalia, « A New Balance of Power in the Black Sea? », *The Central Asia-Caucasus Analyst*, 15 septembre 2016, en ligne : https://www.cacianalyst.org/publications/analytical-articles/item/13393-a-new-balance-of-power-in-the-black-sea?.html (consulté le 23 octobre 2020).

Mitat, Çelikpala et Erşen, Emre, « Turkey's Black Sea Predicament: Challenging or Accommodating Russia? », *Perceptions*, vol. 23, n° 2, été 2018, p. 72-92.

CHAPITRE 7

Turquie-Russie, éviter un « troisième front » dans le Caucase du Sud

Gaïdz Minassian

À l'intersection de la Russie, la Turquie et l'Iran, le Caucase du Sud (Arménie, Azerbaïdjan, Géorgie) est redevenu, après soixante-dix ans de soviétisme (1920-1991), un espace ouvert aux enjeux géopolitiques mondiaux, et notamment aux orientations stratégiques de ces trois anciens empires. Parmi ces puissances réunies dans le cadre du processus d'Astana pour la paix en Syrie, Moscou et Ankara jouent un rôle particulier dans le Caucase depuis la deuxième guerre de Tchétchénie (1999-2004) et la guerre des Cinq Jours en 2008 entre la Géorgie et la Russie, cette dernière intervenant à l'appel de l'Ossétie du Sud et de l'Abkhazie, alliés de Moscou. En effet, Ankara n'ayant pas condamné Moscou pour sa répression dans le Caucase du Nord, ni pour sa contre-offensive contre Tbilissi, la plupart des observateurs des conflits post-soviétiques ont perçu dans la pondération turque l'amorce d'une inflexion stratégique à l'égard de Moscou. Sur le plan politique, ce processus de rapprochement a été conforté par de vives critiques mutuelles à l'égard de l'Occident et par une étroite coopération commerciale.

Cependant, cette dynamique partenariale est loin de suffire à caractériser la relation entre la Russie et la

Turquie. Au contraire, ces deux États s'étant affrontés militairement quatorze fois en quatre siècles, leur relation est toujours empreinte d'un voile de défiance, voire d'hostilité : les Russes associent toujours la Turquie à un bastion de l'OTAN au sud de la mer Noire, alors que les Turcs considèrent encore la Russie comme un voisin prédateur, *a fortiori* après l'annexion de la Crimée en 2014.

Ainsi, dans le Caucase du Sud, la relation russo-turque se fonde sur une double problématique. D'une part, les deux États eurasiatiques sont à la fois rivaux et partenaires économiques et politiques : la Russie veut conserver ses intérêts dans son ancienne province appelée la Transcaucasie ; la Turquie entend avancer ses pions dans cette région qu'elle contrôlait au temps de la splendeur de l'Empire ottoman. Contrairement à l'Iran, lui-même ex-puissance tutélaire au Caucase et qui, depuis son reflux au XIXe siècle, y admet la prééminence de la Russie, la Turquie la conteste et considère de surcroît, sous la houlette de son président islamo-nationaliste Recep Tayyip Erdogan, que l'homogénéité du monde turcophone des Balkans à l'Asie centrale *via* le Caucase répond à une vieille ambition des sultans ; une ambition qu'il est désormais possible d'assouvir, à un an du centenaire de la chute de l'Empire ottoman en 1923.

D'autre part, la relation russo-turque renvoie sur le plan stratégique à une lutte de puissances entre une alliance russo-arménienne d'un côté et une alliance turco-azerbaïdjanaise de l'autre, bien qu'aujourd'hui cette représentation de la croix géopolitique classique ne soit plus aussi incandescente qu'autrefois. Il n'empêche, la Russie considère l'Arménie comme sa seule alliée dans la région alors que la Turquie soutient l'Azerbaïdjan dans la guerre du Haut-Karabakh, province majoritairement arménienne rattachée à Bakou en 1921 par Staline. Cent un an après ce cadeau à Kemal, en 2022, mais aussi du traité de Moscou, signé il y a également un peu plus d'un siècle entre la Turquie kémaliste et la Russie bolchevique à propos de la Transcaucasie, Arméniens et Azerbaïdjanais se disputent toujours cette province montagneuse. Vingt-six ans après la signature du cessez-le-feu en 1994, couronnant une victoire arménienne, les armes ont à nouveau parlé à l'automne 2020. En dépit des efforts du Groupe de Minsk (OSCE), coprésidé par la France, la Russie et les États-Unis, l'Azerbaïdjan a lancé une vaste offensive contre les Arméniens de l'enclave, avec le soutien de la Turquie, du Pakistan, de groupes djihadistes venus de Syrie et le concours technologique d'Israël. À l'issue de 44 jours de guerre (27 septembre-9 novembre 2020), Bakou a remporté une nette victoire militaire, favorisant l'ambition néo-ottomane d'Ankara, qui a ouvert dans le Caucase du Sud un troisième front indirect avec Moscou, après ceux de la Syrie et de la Libye.

Entre coopération et confrontation

La Russie a toujours défendu une approche possessive et hermétique du Caucase. Possessive, car Moscou a mis plus de trois siècles avant de dominer ce couloir stratégique. Hermétique, car elle n'est pas disposée à y laisser des acteurs extérieurs contrarier ses positions

– comme si Moscou avait une « responsabilité particulière » envers la Géorgie, l'Arménie et l'Azerbaïdjan, telle une ancienne métropole impériale à l'égard de ses ex-colonies. La Turquie, quant à elle, défend une approche mythique et idéologique du Caucase. Mythique, car la conquête médiévale de l'Asie Mineure a d'abord traversé le Caucase. Idéologique, parce que les Turcs ont utilisé l'isthme caucasien comme un rétroviseur orienté vers leurs racines asiatiques au nom du panturquisme, cette idéologie d'unification politique et culturelle du monde turcophone conçue au XIXe siècle.

Ces perceptions impériales du Caucase constituent la toile de fond de la rivalité russo-turque. La Russie s'est appuyée sur cette région escarpée pour pénétrer le Proche-Orient, alors que la Turquie cherche à en faire autant pour se projeter en Asie centrale. Très longtemps, les deux acteurs ont cherché à élargir leur champ d'influence et gagner des territoires, sans pour autant se situer exclusivement dans une dynamique agressive. Car l'histoire des relations entre la Russie et la Turquie dans le Caucase a aussi été le théâtre d'une coopération qui s'est développée progressivement contre l'importation de valeurs européennes par les acteurs locaux ou la pénétration des marchés caucasiens par les puissances occidentales. Entre confrontation et coopération, l'ambivalence russo-turque dans le Caucase du Sud est une constante de leur histoire bilatérale, aujourd'hui plus que jamais. En effet, depuis l'effondrement de l'Union soviétique, la relation Russie-Turquie a connu différentes « séquences sud-caucasiennes » sans jamais basculer dans la fusion ou la fission des intérêts des deux puissances : les séquences de coopération n'ont jamais atteint le stade d'un partenariat stratégique classique et les séquences de tension n'ont jamais sombré dans l'irréparable d'une guerre directe. Turcs et Russes font de la sécurité régionale une priorité de leur diplomatie. Dans le conflit tchétchène, la Turquie a servi de base de repli aux rebelles nationalistes sans pour autant dénoncer les crimes commis par la Russie à l'encontre de civils. Lors des guerres en Ossétie du Sud et en Abkhazie, Ankara a rejeté toute déstabilisation de la Géorgie sans jamais ouvertement condamner la Russie. Lorsque Tbilissi a repris le contrôle intégral de l'Adjarie en 2004, Ankara, en tant qu'ancienne puissance tutélaire, ne s'y est pas opposée - même si aujourd'hui il nourrit de nouvelles visées sur cette exclave.

La Turquie reconnaît à la Géorgie sa fonction de pivot régional et à l'Azerbaïdjan son rôle de poumon économique sud-caucasien. Ankara entretient d'étroites relations commerciales avec ces deux pays et participe au désenclavement énergétique du Caucase du Sud à travers différents pipelines (Bakou-Tbilissi-Erzeroum, Bakou-Tbilissi-Ceyhan, Bakou-Tbilissi-Soupsa) et les constructions ferroviaires afférentes (Bakou-Tbilissi-Kars) établis dans les deux premières décennies après l'effondrement de l'URSS. La Russie d'Eltsine, n'ayant pas les moyens de contrecarrer ces projets multilatéraux d'ouverture du Caucase à la mondialisation, a cherché à fragiliser la Géorgie, point faible du rapprochement turco-azerbaïdjano-géorgien et candidate à l'OTAN depuis 2002. En vain. Avec Vladimir Poutine à la tête de la Russie, la donne a changé : Moscou a réussi, en 2008, lors de sa victoire militaire contre la Géorgie, à démonétiser celle-ci dans son rôle de centre économique régional, tout en obtenant de la Turquie un soutien dans le gel de la candidature de Tbilissi à l'Alliance atlantique. Même si Ankara participe régulièrement aux exercices de l'OTAN organisés en Géorgie, les Turcs n'entreprennent auprès du voisin géorgien aucune démarche susceptible de contrarier les intérêts de la Russie. Côté géorgien, le pouvoir aux mains du parti Rêve géorgien depuis 2012 entend rendre au pays son statut de pivot régional. Et tout en s'appuyant sur ses liens avec l'Azerbaïdjan et la Turquie, Tbilissi ne veut pas dépendre du seul corridor Est-Ouest. Le gouvernement réfléchit à débloquer le corridor énergétique Nord-Sud en sa faveur, ce qui signifie se rapprocher de l'Arménie et de l'Iran d'un côté et normaliser ses relations avec la Russie de l'autre. L'approche pragmatique dont les autorités géorgiennes font montre dans leur volonté d'apaiser Moscou et dans leur gestion prudente du conflit arméno-azerbaïdjanais vise à renforcer leur action en faveur de la paix régionale, sans renoncer à leur ancrage euro-atlantiste. Tbilissi se méfie cependant des ambitions croissantes de l'Azerbaïdjan et de la Turquie, déterminés à tirer le meilleur de la Géorgie pour parachever leur politique d'étouffement de l'Arménie, frappée par un blocus turco-azéri depuis le tournant des années 1990. Les tentatives de Bakou d'encourager les Géorgiens d'origine azérie établis dans la province de Marnéouli, frontalière avec Erevan, à bloquer la route commerciale avec l'Arménie ne sont pas du goût de Tbilissi, qui entend respecter ses engagements auprès de la « Nouvelle Arménie » de Nikol Pachinyan, plus démocratique que l'ancien régime à Erevan.

Dans ces conditions, il n'est pas étonnant que le contrôle des voies de communication dans le Caucase du Sud constitue la pierre angulaire des relations ambiguës entre la Turquie et la Russie. Si Moscou tient à dominer les axes routiers (Daghestan-Azerbaïdjan, Arménie-Iran), maritimes (Abkhazie) et montagneux (Ossétie du Sud, Arménie-Turquie), Ankara entend pénétrer le Caucase en s'appuyant sur d'autres verrous stratégiques, comme les ports géorgiens de la mer Noire (Poti, Batoumi) et la frontière avec la province du Nakhitchevan, angle mort rattaché à l'Azerbaïdjan et situé entre l'Arménie et l'Iran. Ankara escompte ainsi contrôler les infrastructures économiques, favoriser son intégration régionale, peser de tout son poids sur le désenclavement régional et dessiner les contours du Caucase du XXIe siècle selon ses propres plans. Jusqu'à l'arrivée de l'AKP au pouvoir, en 2002, la Turquie a servi de relais de l'Occident dans la région, car ce dernier voyait dans la Turquie laïque et démocratique un atout du point de vue de la transformation libérale des États et des économies post-soviétiques. Or, à mesure que le leader islamiste Erdogan prend ses distances avec les capitales occidentales, la Russie cesse de voir la Turquie comme sa rivale traditionnelle mais plutôt comme un futur partenaire, en particulier dans sa volonté d'affaiblir l'Occident mais aussi dans la diversification de son économie (construction, tourisme). Ainsi, plus les relations entre la Turquie et l'OTAN se dégradent, plus la relation russo-turque se raffermit, y compris dans le Caucase du Sud, où l'Azerbaïdjan est le mieux placé pour profiter de ce rapprochement - puisque, par la langue, il est proche d'Ankara, par la géographie, il est frontalier de la Russie, et par le type de régime, il converge avec ces deux États autoritaires.

L'autre volet de la complémentarité russo-turque dans le Caucase du Sud porte sur le souci commun aux deux pays de ralentir la progression d'autres puissances mondiales dans ce couloir stratégique. Pour ce faire, la Russie s'appuie sur la Communauté des États indépendants (CEI, dont sont membres l'Arménie et l'Azerbaïdjan), l'Union économique eurasiatique (UEE) et l'Organisation du traité de sécurité collective (OTSC), dont l'Arménie est l'unique membre dans la région, espérant obtenir le retour des deux autres républiques post-soviétiques caucasiennes dans son giron. Moscou utilise ces trois mécanismes d'intégration pour contrecarrer les efforts du partenariat oriental de l'Union européenne (qui s'adresse à la Biélorussie, l'Ukraine, la Moldavie et les trois États caucasiens), ceux des États-Unis et de l'OTAN mais aussi ceux de la Chine dans le cadre de ses « nouvelles routes de la Soie » et ceux de l'Iran, soucieux de son désenclavement économique à partir du corridor Nord-Sud, un projet aujourd'hui ralenti par le gel de l'accord du 14 juillet 2015 sur le programme du nucléaire iranien. Côté turc, alors que le pays est devenu un territoire de transit énergétique entre la Russie, l'Asie et l'Europe, la stratégie consiste à participer à de nouveaux projets de gazoduc à partir de la Caspienne, en direction de l'Europe, comme le *Trans-Caspian Gas Pipeline* (TCP), lancé en 2018 et reliant le Turkménistan à l'Europe *via* l'Azerbaïdjan, la Géorgie et la Turquie.

Mais Russes et Turcs voient leurs ambitions parallèles freinées par les exigences des acteurs régionaux. D'une part, la Russie se heurte à la fermeté de l'Azerbaïdjan, qui refuse d'adhérer aux organisations multilatérales promues par Moscou tant que le conflit du Haut-Karabakh n'est pas réglé en sa faveur. Moscou fait aussi face à l'intransigeance de la Géorgie (le processus de Genève, qui vise à régler leur contentieux, se trouve dans une impasse depuis sa mise en place en 2008). D'autre part, la Turquie n'a pas de relations avec l'Arménie, depuis qu'Ankara a fermé en 1993 sa frontière avec Erevan en solidarité avec Bakou dans le conflit du Haut-Karabakh. À l'évidence, la Turquie s'est tiré une balle dans le pied car cette décision unilatérale contrarie son intégration régionale, en dépit d'une vaine tentative de normalisation des relations avec Erevan au tournant des années 2010, lors de la signature des protocoles de Zurich en 2009. Ce projet de normalisation avait d'ailleurs été encouragé par la Russie, décidée à superviser la réouverture de l'une des dernières frontières de la guerre froide afin, entre autres, de priver les États-Unis de tout parrainage direct dans la relation turco-arménienne. Cependant, la Question arménienne au sens large (le génocide de 1915, le négationnisme de la Turquie, le conflit du Haut-Karabakh) constitue le principal point d'achoppement dans les relations russo-turques dans le Caucase du Sud.

L'épreuve de la Question arménienne

Pour des raisons historiques et stratégiques, politiques et culturelles, la Russie et la Turquie défendent des lectures totalement divergentes de la Question arménienne. La Russie garantit la sécurité de l'Arménie dans le cadre de leur alliance au sein de l'OTSC. L'Arménie accueille sur son territoire trois bases militaires russes : la plus importante est à Gumri, à quelques kilomètres de la Turquie ; la deuxième, une base aérienne, à Abovian, dans la banlieue d'Erevan ; et la dernière, à Meghri, sur la frontière avec l'Iran. De son côté, pour la Turquie, la Question arménienne est un fantôme de son passé qui grève son avenir, car elle affecte directement le cœur de son identité nationale. Inutile donc d'insister sur le déni turc et le réflexe négationniste d'Ankara, où le pouvoir, quel que soit le régime en place, poursuit une politique anti-arménienne et affiche son alliance avec l'Azerbaïdjan. Depuis sa signature en 1994, le cessez-le-feu au Karabakh est régulièrement violé sur la ligne de front et sur la frontière entre l'Arménie et l'Azerbaïdjan, sans provoquer le moindre changement en faveur de l'un des deux camps. Or, avec les récents bouleversements géopolitiques – reflux des États-Unis au Proche et Moyen-Orient, montée en puissance de la Russie, de la Turquie et de la Chine –, de nouvelles configurations se dessinent dans le Caucase du Sud. Cette redistribution des cartes stratégiques s'est illustrée lors de la guerre des Quatre Jours entre Arméniens et Azerbaïdjanais en 2016, et au moment de la troisième guerre du Karabakh, celle des 44 Jours à l'automne 2020.

En effet, l'offensive vaine de Bakou au printemps 2016 a été organisée avec la complicité de la Turquie et... la duplicité de la Russie. Pourquoi ? Ankara a dénoncé l'immobilisme du Groupe de Minsk et la mauvaise volonté de l'Arménie, seule responsable, à ses yeux, du blocage diplomatique. La Turquie assiste l'armée de l'Azerbaïdjan depuis des années et lui apporte formation et équipements. Au début de l'année 2016, Ankara avait co-organisé avec Bakou des manœuvres militaires sur le territoire azerbaïdjanais dont l'objectif était de lancer une offensive contre un ennemi stationné en montagne (sous-entendu l'Arménie). Côté russe, réunir sous son pavillon les trois républiques sud-caucasiennes nécessite de passer par la voie fragile de l'équilibre à définir entre Erevan et Bakou dans l'idée que le conflit doit se solder « sans gagnant ni perdant », pour reprendre les propos de Vladimir Poutine, prononcés après la guerre des Quatre Jours en 2016. Moscou tient à débloquer le processus de paix en sa faveur, ce qui signifie contenir l'Arménie de Serge Sarkissian et vendre des armes à l'Azerbaïdjan d'Ilham Aliev. Ainsi, la Russie a fermé les yeux sur cette offensive azerbaïdjanaise à l'est du Haut-Karabakh, et cherché à obtenir un cessez-le-feu en vue de favoriser le déploiement d'une mission d'observation russe sur la ligne de front. Le plan a échoué : la résistance de l'armée arménienne a été plus forte que prévu en dépit des dissensions entre Serge Sarkissian et une partie de son état-major, déterminée à reprendre le contrôle des quelques positions perdues. Au-delà du nombre élevé de morts de part et d'autre, Moscou, Bakou et Ankara n'ont pas pu enregistrer le moindre effet sur le processus de paix. Au contraire, lors des négociations à Vienne et à Saint-Pétersbourg, qui se sont déroulées après la guerre des Quatre Jours, le Groupe de

Minsk a souhaité, à l'initiative des États-Unis, la mise en place d'un mécanisme de vidéosurveillance le long de la ligne de front, soit 700 kilomètres. Erevan a donné son accord, mais Bakou a aussitôt rejeté ce mécanisme, considérant qu'il reviendrait à une reconnaissance *de jure* de la République du Haut-Karabakh (ou République d'Artsakh), ce qui est inadmissible pour le pouvoir azerbaïdjanais. Quant à la Russie, elle a soutenu Bakou dans le rejet de cette proposition américaine tout en lui préférant l'alternative du déploiement d'un contingent russe dans la région disputée.

De 2016 à 2018, le président Sarkissian a tenté sans réelle conviction d'obtenir la mise en place des conditions de Vienne avant de quitter la scène politique lors de la « révolution de Velours » au printemps 2018. Dès son arrivée au pouvoir, le nouveau Premier ministre arménien, Nikol Pachinyan, a prôné le retour des représentants de la République d'Artsakh autour de la table et la stratégie de réunification de l'Arménie à l'Artsakh. Nikol Pachinyan espère dans le même temps redéfinir sa relation avec la Russie afin de revaloriser le facteur arménien aux yeux des Russes et de rééquilibrer les relations entre les deux États. À Erevan, on pense que l'Arménie doit être considérée comme l'alliée de la Russie, et non plus comme sa vassale. La Turquie et l'Azerbaïdjan ont suivi de près l'évolution de l'Arménie post-Sarkissian en misant sur le sens de l'ouverture dont se prévaut Nikol Pachinyan pour débloquer le processus de paix. Bakou et Ankara se sont encore trompées. À plusieurs reprises, le nouveau régime arménien a insisté sur le principe de concessions mutuelles des parties, mais tant que Bakou utilisera le langage de la menace et de la provocation sur le terrain, il n'y a rien à attendre de la part d'Erevan.

Le plafond de verre de la paix

Jusqu'à l'automne 2020, le Haut-Karabakh a été un conflit négligé par la communauté internationale, mais deux développements l'ont peu à peu fait sortir de l'oubli. D'une part, la crise sanitaire de la Covid-19 a fait chuter le prix du baril de pétrole. L'Azerbaïdjan a ainsi vu ses revenus se réduire fortement et la société civile azerbaïdjanaise a commencé à manifester son rejet de la corruption endémique dans le pays, génératrice d'inégalités sociales criantes. Pour faire diversion et réveiller le sentiment national, Bakou a renoué avec la rhétorique guerrière anti-arménienne, laquelle a pris une tournure nettement raciste. D'autre part, Russes et Turcs entretiennent une relation équivoque en Syrie et en Libye. La Russie s'est, en effet, retrouvée nez à nez avec les troupes turques dans la province d'Idlib et dans l'Ouest libyen. Sur ces deux théâtres, Ankara a mis Moscou devant le fait accompli, obligeant les troupes russes ou affiliées (société militaire « privée » Wagner) à ouvrir le feu ou à céder à ses pressions, et a cherché à faire accepter à la Russie l'idée d'un condominium russo-turc dans les deux pays. Or, cette ambivalence a peu à peu gagné le Caucase du Sud et enflammé le Haut-Karabakh à l'automne 2020 lors de l'offensive victorieuse d'une coalition baroque sous commandement turco-azerbaïdjanais.

Après des incidents meurtriers à la frontière entre l'Arménie et l'Azerbaïdjan courant juillet 2020, la Russie a pris acte de l'engagement diplomatique et militaire de la Turquie aux côtés de Bakou – Ankara ayant appelé « à punir l'Arménie pour ses attaques contre l'Azerbaïdjan » et dénoncé l'impuissance de la coprésidence du Groupe de Minsk. De son côté, afin de prévenir toute escalade, la Russie a accéléré la livraison à l'Arménie de la première commande de quatre chasseurs Su-30SM et a renouvelé l'ensemble des équipements militaires de la 102e base à Gumri, soit 400 tonnes d'armements.

Le 27 septembre 2020, l'Azerbaïdjan lance une vaste offensive contre le Haut-Karabakh et conforte rapidement sa supériorité militaire en enfonçant les lignes arméniennes au sud de la province, le long de la frontière avec l'Iran. Le rapport de force tourne à l'avantage de l'armée azerbaïdjanaise, équipée en drones tueurs turcs « Bayraktar » qui ont fait leurs preuves en Libye et soutenue par l'aviation et des forces spéciales turques, un contingent pakistanais ainsi que des mercenaires djihadistes à la solde d'Ankara. À l'issue de 44 jours de combats d'une extrême violence – on ignore encore aujourd'hui le nombre exact de morts de part et d'autre – et après trois tentatives de médiation internationale, la Russie finit par annoncer un accord de cessez-le-feu, le 9 novembre 2020, signé avec l'Arménie et l'Azerbaïdjan, et consacrant la victoire militaire de Bakou. Comment la Russie et la Turquie ont-elles appréhendé ce conflit entre alliés interposés ? Russes et Turcs sont-ils aussi les autres vainqueurs de cette troisième guerre du Karabakh ?

D'après certains des neuf points de l'accord tripartite, la Russie a déployé une force d'interposition dans les territoires sous contrôle de la « République d'Artsakh », pour une durée de cinq ans renouvelable. Les différentes parties s'engagent à rétablir l'ensemble des voies de communication régionales, ce qui signifie aussi la réouverture de la frontière entre l'Arménie et la Turquie. La Russie et la Turquie décident de créer une mission commune d'observation de la paix entre Arméniens et Azerbaïdjanais. En fait, la Russie est face à un cruel dilemme. Soit elle était au courant des plans d'attaque turco-azerbaïdjanais et dans cette hypothèse, elle a fait preuve de cynisme à l'égard de son allié arménien et privilégié son partenariat avec Ankara au nom d'une stratégie anti-occidentale déjà expérimentée en Syrie et en Libye. Mais cela signifie que la Russie accepte désormais de cogérer le conflit du Karabakh avec la Turquie, prenant le risque de s'exposer à la menace djihadiste et de voir le sentiment anti-russe s'accroître à Erevan. Soit Moscou n'était pas au courant de la stratégie turco-azerbaïdjanaise et dans cette hypothèse, elle s'expose à une déstabilisation du Caucase du Nord, a subi l'agenda de la guerre conduite par l'axe Ankara-Bakou et n'a pu intervenir qu'à la fin du conflit pour imposer son *leadership* régional en tenant compte du nouveau rapport de force. Pour la Turquie, les gains sont évidents. Ankara a permis de dégrader la situation et de créer une zone de turbulences dans la région pour rompre avec le *statu quo* au profit de l'Azerbaïdjan et réorienter sur le temps long le format du Groupe de Minsk, voire le détruire, le tout en démonétisant le nationalisme arménien.

En réalité, tout porte à croire que l'opération « Poing d'acier » lancée par l'Azerbaïdjan relève d'une concertation entre la Turquie et la Russie pour plusieurs raisons. Moscou et Ankara ont agi conjointement pour désactiver la coprésidence du Groupe de Minsk. Le fait que la Russie n'ait pas associé les États-Unis et la France à l'accord du 9 novembre a été vécu comme une humiliation par les Occidentaux qui cherchent depuis à relancer ce groupe de contact afin de trouver une solution politique au conflit du Karabakh. Avec ce compromis, la Russie a obtenu, grâce au concours turc, le déploiement de troupes dans le Karabakh, et, dans sa perspective, jouit désormais d'une présence militaire dans les trois pays du Caucase du Sud. Autre avantage, cette guerre a eu lieu sur fond d'élection présidentielle aux États-Unis : Azerbaïdjanais, Turcs et Russes devaient absolument utiliser cette fenêtre de tir pour changer la donne et imposer un nouveau rapport de force au futur président américain, *a fortiori* au démocrate Joe Biden, moins complaisant envers Ankara et Moscou. Turcs et Russes ont également tenu à punir l'Arménie de Nikol Pachinyan, dont l'indépendantisme pro-occidental contrarie leur plan commun. Enfin, l'accord du 9 novembre ouvre la voie à un processus de règlement des problèmes régionaux dans un format de négociations intitulé « 3+3 » (Russie, Turquie, Iran + Arménie, Azerbaïdjan, Géorgie) excluant toute présence occidentale.

Conclusion

Dans le Caucase du Sud, plus la Turquie et la Russie coopèrent, plus l'Azerbaïdjan est avantagé. À l'inverse, plus la Turquie et la Russie divergent, plus l'Arménie est avantagée par Moscou. Ainsi le partenariat russo-turc dans la région frappe par son ambivalence. Tant qu'il s'agit de favoriser une rhétorique anti-occidentale et d'agir contre la démocratie, Russes et Turcs favorisent la stabilité et la sécurité de leurs intérêts. Mais ce processus de convergence est fragile pour trois raisons. Américains et Européens entendent aussi défendre leurs acquis, jusqu'à bousculer l'ordre russo-turc en favorisant le développement des relations avec la Géorgie et l'Arménie démocratiques mais aussi avec l'Azerbaïdjan riche en hydrocarbures. Autre raison, en privilégiant sa relation avec la Turquie, la Russie a pris le risque d'exposer les vulnérabilités de l'Iran, qui jusqu'à la guerre de 2020 était son principal partenaire dans la stabilité du Caucase du Sud. Enfin, la crise opposant les États-Unis à la Russie sur l'Ukraine peut remettre en question le partenariat russo-turc. La Turquie soutient l'Ukraine et lui vend des drones Bayraktar. Ankara s'aligne sur la position américaine tout en appelant à une solution diplomatique du conflit, car les Turcs savent comme les Russes que toute escalade de cette crise au cœur de l'Europe aura des répercussions dans le Caucase du Sud.

Bibliographie sélective

BAEV, Pavel K. et KIRIŞCI, Kemal, « An Ambiguous Partnership, the Serpentine Trajectory of Turkish-Russia Relations in the Era of Erdogan and Putin », Center of the United States and Europe, Brookings, 2018.

ERŞEN, Emre, « Turkey as a "Regional Stability Contributor" in the South Caucasus », *Journal of Central Asian and Caucasian Studies*, 8 (15), 2013, p. 1-19.

ERŞEN, Emre, « Turkey and Russia, an Emerging "Strategic Axis" in Eurasia? », *EurOrient*, n° 35-36, janvier 2011, p. 263-282.

KORTUNOV, Andrey, « Russia, Turkey Relations Need a Stronger Foundation », Russian International Affairs Council, 3 août 2018.

SHARON, David, « Towards a Eurasian Axis? Russia and Turkey between Cooperation and Competition », *Global Affairs*, vol. 1, 2015, n° 4-5.

MINASSIAN, Gaïdz, « Turquie-Russie : un nouveau partenariat stratégique global », *Notes de la FRS* (Fondation pour la recherche stratégique), n° 8, 2010.

CHAPITRE 8

Influences croisées de la Turquie et de la Russie en Asie centrale

Bayram Balci

À l'heure où la Russie et la Turquie occupent une place cruciale dans l'actualité internationale, notamment de par leur interventionnisme en Syrie, en Libye mais aussi dans le Caucase, et compte tenu de la difficulté qu'éprouve l'Europe à dialoguer avec ces deux leaders forts que sont Poutine et Erdogan, il est devenu commun de comparer ces deux pays et de rappeler l'histoire de leurs relations tumultueuses et rivales, tantôt guerrières, tantôt amicales (comme ce fut le cas un temps entre Atatürk et Lénine). Et à raison, dans une certaine mesure : Poutine et Erdogan partagent le même tempérament politique, et incarnent un type de leadership à la fois populiste, conservateur, teinté d'une velléité néo-impériale qui guide, ou du moins le pense-t-on en Occident, leur politique étrangère actuelle. Dans les deux pays, l'État comme la nation se sentent mal-aimés et ostracisés par l'Occident, et le sentiment d'humiliation profond qui en découle parvient seul à cimenter une politique d'entente dans plusieurs régions du monde, y compris dans l'adversité, comme c'est le cas en Syrie ou en Libye, où la divergence des intérêts russes et turcs n'empêche pas la coopération bilatérale. Ailleurs, notamment dans le Caucase et dans le bassin de la mer

Noire, la rivalité est exacerbée par l'héritage historique de la compétition d'influence qu'y exerçaient l'Empire ottoman et celui des tsars.

Mais il est une autre région du monde où l'influence croisée de la Turquie et de la Russie est intéressante à analyser à plusieurs égards : l'Asie centrale post-soviétique, qui est depuis plusieurs décennies, voire des siècles, un espace à la fois de rivalités et de coopérations, où se mesure la puissance régionale de ces empires devenus États modernes. À travers une analyse rapide de l'évolution politique de l'Asie centrale depuis la fin de l'URSS, et des grandes lignes des politiques turques et russes pour cette région, on démontrera que, contrairement à une idée reçue, l'Asie centrale est moins un terrain de confrontation qu'une région tremplin, où s'affirment les ambitions russes et turques, qui ne se révèlent irréconciliables qu'en apparence.

La représentation de l'Asie centrale dans la vision internationale de la Russie et de la Turquie

De différentes nature et épaisseur, les héritages turc et russe en Asie centrale déterminent les atouts et les faiblesses des deux pays dans leur politique d'influence dans la région. Pour la Turquie, cet héritage se fonde sur une identité partagée, en premier lieu sur la langue. À l'exception du Tadjikistan, où les turcophones ne comptent que pour 25 % de la population, Kazakhstan, Kirghizstan, Ouzbékistan et Turkménistan parlent des langues turciques, proches du turc anatolien. Même si l'intercompréhension est loin d'être parfaite, cette parenté linguistique favorise la coopération et l'élaboration de projets politiques communs. La religion est un autre facteur de rapprochement puisque de part et d'autre on pratique le même islam sunnite, où prédomine l'école hanéfite, et marqué par un fait confrérique fort qui, aujourd'hui encore, engendre des liens entre l'Asie centrale et l'Anatolie. À ces deux éléments religieux et linguistique, il convient d'ajouter le facteur ethnique, puisqu'il est reconnu que Turcs, Ouzbeks, Kirghizes, Kazakhs, Turkmènes appartiennent au même groupe ethnique de la grande famille turcique. Ces liens de parenté, aussi forts soient-ils, sont toutefois à relativiser car ils se heurtent à des conceptions différenciées de l'identité nationale ou panturque. Depuis la fin de l'ère soviétique, l'ethnonationalisme de chacun des États centrasiatiques semble avoir la faveur des élites gouvernantes pour légitimer frontières et souveraineté, et exclure de fait toute dissolution dans un ensemble supranational comme celui dont ils venaient d'être libérés. De plus, Turquie et Asie centrale n'ont jamais partagé de « vie commune » dans une entité englobante, ni connu de continuité géographique ou de voisinage frontalier. Le Grand Turkistan si cher aux nationalistes du panturquisme n'a jamais été qu'une théorie et un courant idéologique qui n'ont jamais abouti à une réalisation concrète.

La Russie dispose d'atouts différents dans la région. Certes, sa présence y est faite de colonisation, de domination et d'oppression. Mais en même temps, depuis la conquête des steppes kazakhes au milieu du XVIIIe siècle, elle a participé à la formation des identités nationales des États centrasiatiques, voire les a façonnées. Leur longue cohabitation forcée pendant l'ère russe mais surtout soviétique a déterminé des liens de dépendance à la Russie, qui lui confèrent encore aujourd'hui des avantages de coopération solide avec la région. Près de trente ans après la fin de l'URSS, ces jeunes États, qui aspirent à se penser dans l'altérité avec la Russie, peinent à s'émanciper totalement de Moscou. De fait, les relations sont encore fortes entre la Russie et l'Asie centrale sur le plan de la culture politique, ce qui facilite la politique d'influence de Moscou dans cet espace. Ainsi dotées de leurs atouts propres, Russie et Turquie rivalisent d'ingénierie politique, économique et culturelle pour asseoir leur influence dans cette vaste région jusqu'aux portes de la Chine. Que cache cette lutte d'influence en termes d'ambitions et d'intérêts nationaux, et comment ceux-ci sont-ils perçus localement à travers l'Asie centrale ?

Les politiques d'influence russe et turque depuis la fin de l'ère soviétique

La Russie, puissance incontournable en Asie centrale

Puissance tutélaire, en tant que cœur et héritière directe de l'URSS dont faisaient partie les États d'Asie centrale, la Russie continue d'avoir une politique d'influence multiforme incontournable dans la région. Si durant les premières années qui ont suivi la fin de l'URSS elle a montré un certain désintérêt vis-à-vis d'une Asie centrale exsangue, que certains courants politiques russes présentaient comme un fardeau et un obstacle au développement de la Russie, très vite la doctrine Kozyrev a mis au centre de sa politique étrangère le concept de l'« étranger proche ». Selon ce credo, la Russie ne peut garder son statut de puissance internationale que si elle parvient à maintenir l'ex-URSS dans son giron politique, et plus particulièrement l'Asie centrale, où ses intérêts sont multiples.

Dans la sphère politique, c'est surtout avec l'arrivée de Poutine au pouvoir en 2000 que les initiatives s'accélèrent pour renouer les liens et garder les anciennes républiques, notamment d'Asie centrale, dans le giron de la Russie. Ainsi, plusieurs structures d'intégration économique et politique régionale, sous l'égide de Moscou, ont été échafaudées. La plus aboutie est l'Union économique eurasienne, fondée sur le modèle de l'Union européenne et qui projette de devenir un acteur politique majeur sur la scène internationale. En font partie la Russie et le Kazakhstan, mais aussi le Kirghizstan depuis 2015 et sans doute bientôt le Tadjikistan. Certes, cette Union eurasienne n'est pas aussi fonctionnelle qu'elle devrait l'être, car du fait de l'intervention militaire russe en Ukraine, Moscou a du mal à vendre ce projet d'intégration aux États d'Asie centrale. Mais le poids politique de la Russie dans la région ne se limite pas à cette tentative d'intégration régionale. Les rencontres politiques sont régulières et nombreuses entre la Russie et les États d'Asie centrale, et Moscou a encore de nombreux relais sur place, y compris dans la sphère politique.

Dans le domaine économique, le lien est tout aussi fort, même si de plus en plus la Chine s'impose comme le principal partenaire économique des pays d'Asie centrale. Dans le domaine clé des énergies fossiles, exploitées et acheminées vers les marchés internationaux, c'est encore la Russie qui détient le leadership en Asie centrale. Mais le lien économique le plus fort entre la Russie et l'Asie centrale demeure la main-d'œuvre et la migration. On estime à près de 2 millions le nombre de travailleurs ouzbeks, au moins 1 million de Kirghizes et autant de Tadjiks qui travaillent en Russie et opèrent vers leurs pays des transferts de revenus qui, au Tadjikistan et au Kirghizstan, représentent près de la moitié du PIB. Ce lien migratoire va au-delà de la perfusion économique de ces pays par les revenus rapatriés, en générant des liens dans la société qui enracinent les influences les plus diverses provenant de Russie.

Il est un domaine que la Russie se refuse de façon catégorique à partager : sa prééminence sur toutes les questions de défense et de sécurité. En effet, considérant que sa propre sécurité et sa position sur la scène internationale dépendent du maintien de son rôle militaire dans la région, la Russie accorde une place cruciale à ses liens militaires avec les régimes post-soviétiques et voit d'un très mauvais œil la moindre intrusion des autres puissances dans ce qu'elle considère comme sa sphère d'influence exclusive. Ainsi, Moscou continue d'entretenir des bases militaires en Asie centrale, au Tadjikistan et Kirghizstan notamment, alors que les seules bases militaires « étrangères », celles qui avaient été implantées par les États-Unis au Kirghizstan (Manas) et en Ouzbékistan

(Khanabad) après les attentats du 11 septembre 2001, ont été démantelées (respectivement en 2014 et 2005). De même, la Russie est toujours la principale pourvoyeuse d'armements aux forces armées des pays d'Asie centrale, et près de trente ans après la fin de l'Union soviétique, les armées de tous ces pays se ressemblent encore, car elles sont toutes issues de l'Armée rouge. Enfin, la Russie prédomine dans la principale structure de défense collective entre des États issus de l'ex-URSS. En effet, l'OTSC fondée en 2002 et regroupant la Russie, le Belarus, l'Arménie, le Kazakhstan, le Tadjikistan et le Kirghizstan, permet à Moscou, malgré un fonctionnement chaotique, d'asseoir un rôle militaire dominant dans une bonne partie de l'ex-URSS. La reconquête du pouvoir par les Talibans en Afghanistan à l'été 2021, perçue avec angoisse quant à la sécurité de leurs frontières méridionales, pourrait inciter les États d'Asie centrale, notamment l'Ouzbékistan, qui a suspendu sa participation il y a quelques années, à davantage coopérer avec cette structure.

Enfin, en plus de son rôle politique, militaire et économique, la Russie exerce un *soft power*, c'est-à-dire une capacité d'influence et d'attractivité dans le domaine des idées et des valeurs. Ce *soft power* à la russe, la Russie a cherché à le cultiver avec des instruments et des moyens appropriés à partir du début de la décennie 2000. Pour améliorer son image dans le monde, elle a mis en place une politique d'influence et de séduction qui n'a pas négligé l'Asie centrale. Ainsi, dans le domaine des médias et des communications, la Russie y est encore très influente grâce à ses chaînes de télévision et séries très suivies dans l'ex-URSS. La présence, encore assez significative dans certaines grandes villes en Asie centrale, de populations russes ou en tout cas russophones permet à la Russie de renforcer son autorité en les utilisant comme relais ou outils d'influence. La Russie est toujours le principal pays de destination pour des milliers d'étudiants à la recherche d'une formation universitaire qui est encore assez valorisante en Ase centrale. De plus, de nombreuses universités russes ont ouvert des filiales dans les principales capitales d'Asie centrale. Enfin, même le modèle de développement politique préconisé par la Russie, fondé sur le culte de la force et des régimes forts, bénéficie d'une bonne réception auprès des élites d'Asie centrale qui se méfient des valeurs libérales que l'Occident leur propose.

Ainsi, dans tous les domaines, la Russie se sent encore assez « chez elle » en Asie centrale, mais cette prééminence ne signifie pas exclusivité car la compétition est rude face aux grandes puissances que sont la Chine en tout premier lieu, l'Europe et les États-Unis derrière, mais aussi des puissances moyennes, comme l'Iran, l'Inde, mais aussi la Turquie, qui a sa propre politique d'influence dans la région.

La Turquie, acteur majeur mais non concurrent de la Russie en Asie centrale

Nouvelle et moins avantagée que la Russie en Asie centrale, la Turquie n'en a pas moins construit une véritable politique multiforme d'influence dans la région. Après une courte période où cette politique, soutenue par ses alliés occidentaux, fut excessivement ambitieuse et irréaliste, Ankara a repensé sa stratégie, ce qui lui a permis de faire partie des acteurs qui comptent en Asie centrale, mais pas au point d'inquiéter ses grandes rivales, Moscou et Pékin.

Au premier abord, c'est dans le domaine politique que le poids de la Turquie en Asie centrale est le moins marqué, même si des progrès peuvent être constatés depuis quelques années. Méconnaissant les réalités profondes de ces États et surinterprétant leur désir de coopération après la disparition de l'Union soviétique, la Turquie pensait pouvoir créer un « bloc turc », forme d'union qui aurait regroupé les États turciques sous son égide. Les plus ambitieux en Turquie parlaient en effet de l'émergence d'un « monde turc allant de l'Adriatique à la muraille de Chine », formule chère au chef d'État de l'époque, Süleyman Demirel. Mais très vite, face au constat qu'une telle puissance relevait du mythe plus que de la réalité des forces, la Turquie a renoncé à ce rêve d'extrême grandeur, au profit d'un positionnement politique plus pragmatique. Ainsi, au lieu de proposer des plans d'intégration régionale supranationaux fondés sur la turcité, la Turquie a privilégié une approche plus bilatérale et respectueuse des idéaux de souveraineté des jeunes États. Des relations personnelles solides ont été établies avec chacun des leaders d'Asie centrale. Süleyman Demirel s'est particulièrement distingué dans cette politique, et continue d'inspirer l'actuel président Recep Tayyip Erdogan. Pour autant, l'approche panturquiste et intégrationniste n'a pas été complètement abandonnée. Elle a été repensée sous forme de *soft power*. Ainsi, en 2009, à l'initiative de la Turquie, fut créé le Türk Keneşi, Conseil turcique, c'est-à-dire une organisation internationale regroupant des États turcophones dont font partie la Turquie, l'Azerbaïdjan, le Kazakhstan, le Kirghizstan et, depuis peu, l'Ouzbékistan, longtemps réticent à ce genre de projets intégrationnistes. L'objectif de cette coopération est de promouvoir les politiques d'intégration entre des pays liés par la turcité.

Dans le domaine militaire, alors que la Turquie est très présente dans le Caucase, en particulier en Azerbaïdjan comme on l'a vu dans la guerre du Karabakh de 2020, la coopération est en revanche limitée, voire inexistante, entre la Turquie et ces États d'Asie centrale, car, comme nous l'avons vu plus haut, il s'agit du domaine quasi exclusif de la Russie, qui règne là sans partage. Pourtant, des échanges, certes limités, existent, notamment dans la formation des cadres de l'armée, mais davantage entre la Turquie et l'Azerbaïdjan qu'avec les autres États turciques en Asie centrale, qui, en matière de sécurité et de défense, restent dans le giron de la Russie. Sur le plan économique, la Turquie est un acteur qui compte, moins que la Russie et la Chine certes. Cependant, ses entreprises se font remarquer dans le domaine de la construction, des travaux publics mais aussi dans le champ des PME puisque dans chaque pays on trouve désormais une importante communauté originaire de Turquie, qui contribue à tisser des liens forts avec l'Asie centrale.

Mais s'il y a un domaine où les relations sont fortes, et amenées à se développer davantage, entre la Turquie et l'Asie centrale, c'est celui des « humanités », art, culture, éducation et religion. À cet égard, une organisation aux allures quelque peu panturciques s'impose de façon incontournable : la TÜRKSOY, *Uluslararasi Türk Kültürü Teşkilati*, Organisation internationale pour la culture turque, appelée aussi Unesco turque. Cet organisme cherche à renforcer la coopération dans le domaine de la culture entre la Turquie et l'espace turcique d'Asie centrale mais aussi avec la Fédération de Russie, où se trouvent d'importantes communautés turcophones. La Turquie a donc sa propre stratégie de *soft power* en Asie centrale, qui s'appuie sur la langue, l'éducation mais aussi la religion, de plus en plus présente dans la politique étrangère d'Ankara. Depuis la fin de l'URSS, la Turquie reçoit chaque année par centaines des étudiants du monde turc dans ses universités, dans quasiment toutes les disciplines, afin de renforcer les liens entre États turcophones. Des étudiants de Turquie sont encouragés à poursuivre des études dans des universités d'Asie centrale. En parallèle, des universités turques ont été créées en Asie centrale. Parmi elles, l'université Manas, qui fait partie des meilleurs établissements du pays, occupe une place à part dans les relations entre la Turquie et le Kirghizstan. Avec le Kazakhstan, c'est l'université Ahmet-Yesevi qui joue ce même rôle de pont entre les deux pays. Par ailleurs, il faut ici mentionner le rôle particulier du réseau éducatif de la mouvance de Fethullah Gülen. Organisation religieuse active aussi dans le domaine économique et éducatif, cette communauté avait implanté un vaste réseau d'écoles privées dans toute l'Asie centrale. Les relations, longtemps satisfaisantes entre cette mouvance et les pouvoirs politiques en Turquie, lui ont permis d'être très influente et de former des milliers de cadres, voire des élites, dans tous les pays centrasiatiques. Mais la fin, en 2013, de l'alliance entre Gülen et le pouvoir de l'AKP a porté un coup fatal à ce réseau, qui a été démantelé à la suite des pressions de la Turquie sur tous les États, qui ont mis fin aux activités de ces écoles (le Kirghizstan, qui a longtemps fait exception, a finalement cédé aux demandes turques). Enfin, en matière de *soft power*, il faut aussi mentionner la coopération islamique. Avec les indépendances, les républiques centrasiatiques ont cherché à former de nouvelles élites religieuses, mais dans un esprit séculier et laïc, c'est-à-dire de soumission du religieux au politique. Doté d'une riche expérience en Turquie, la Diyanet, Direction des Affaires religieuses, sorte de ministère des Cultes en Turquie, a aidé les pays d'Asie centrale de plusieurs façons. Elle a reçu des étudiants en religion dans ses facultés de théologie en Turquie, mais elle a surtout aidé à l'implantation d'établissements islamiques en Asie centrale. À l'exception du Tadjikistan et de l'Ouzbékistan, tous les États ont accepté l'offre de la Turquie de leur construire des facultés de théologie et des mosquées, dotées d'imams envoyés par Ankara.

Ainsi, comme on vient de le voir, la Turquie et la Russie ont, chacune à sa façon, une influence forte et multiforme sur les États et sociétés en Asie centrale. L'analyse de ces influences suscite plusieurs interrogations : sont-elles conflictuelles, sont-elles amenées à provoquer une tension entre la Turquie et la Russie ? Répondre à cette question requiert une brève analyse de la perception par ces États des politiques turque et russe et de la manière dont les deux pays se positionnent sur la scène régionale.

Un avenir sans conflit dans la relation turco-russe en Asie centrale

La longue rivalité ottomano-russe et turco-soviétique dans différents théâtres de l'Eurasie pourrait amener à anticiper une résurgence moderne de la rivalité russo-turque en Asie centrale. Or, sur tous les terrains et plus encore en Asie centrale, la réalité est bien différente depuis la fin de la guerre froide. Trois raisons laissent plutôt penser qu'à l'avenir, les relations entre Moscou et Ankara seront sans doute faites de compromis et de coopérations plus que de conflits.

Premièrement, comme nous l'avons vu, la Turquie et la Russie ne poursuivent pas toujours les mêmes objectifs et intérêts en Asie centrale. L'équilibre des forces semble opérer un « partage » de fait en fonction des avantages relatifs de chacune. Ainsi, la Russie semble avoir cédé le terrain économique à la Chine, désormais premier partenaire commercial de certains de ces États. La Turquie a revu ses ambitions générales à la baisse et reste à l'écart des questions de sécurité et de défense, chasse gardée de la Russie, et se contente d'une présence commerciale et, surtout, d'une influence culturelle. La Turquie n'a surtout plus les moyens de ses ambitions, et encore moins le désir d'être l'agent de l'Occident en Asie centrale comme cela avait été pressenti au moment de la disparition de l'Union soviétique, et cette humilité apaise la Russie qui tolère le développement d'un certain *soft power* turc dans la région.

Deuxièmement, la Russie et la Turquie ont fondamentalement besoin l'une de l'autre et, au titre de leurs intérêts supérieurs, font preuve d'entente sur d'autres terrains, surtout dans un contexte où les deux États éprouvent des difficultés à construire des relations équilibrées avec l'Occident, qui les tient toutes deux à distance. Les exemples de la Syrie et de la Libye l'ont montré : Russie et Turquie campent sur des positions diamétralement opposées, mais elles parviennent à contenir leurs divergences et à compartimenter les domaines d'interaction pour mieux préserver leurs relations bilatérales mutuellement bénéfiques dans les domaines économique, stratégique, voire militaire (voir l'achat par la Turquie des systèmes antiaériens S-400). Si les deux pays arrivent à gérer leurs différends sur des dossiers autrement plus cruciaux (Syrie, Libye), il n'y a pas de raison que leurs rapports en Asie centrale soient plus conflictuels. Même dans le Caucase, secoué par une relance de la guerre entre l'Arménie et l'Azerbaïdjan, « protégés » respectivement de la Russie et de la Turquie, le dialogue entre Moscou et Ankara tient bon car il y va de l'intérêt supérieur de chacun.

Troisièmement, les règles du jeu en Asie centrale ne sont pas déterminées uniquement par les États en compétition pour le leadership régional mais aussi et surtout par les pays centrasiatiques eux-mêmes. Il est bien révolu le temps où les frêles États d'Asie centrale n'avaient pas leur mot à dire dans le jeu des rivalités entre puissances internationales et régionales. Aujourd'hui, ils affirment leur voix, et tentent de faire jouer la concurrence et la rivalité entre les puissants pour maximiser leurs gains géopolitiques et renforcer leur souveraineté. Le Kirghizstan, par exemple, parvient à entretenir et équilibrer de très bonnes relations avec les grandes puissances que sont la Russie et la Chine, et les petites puissances, comme la Turquie et l'Iran, pour obtenir plus de ressources en tous genres, avantages préférentiels et gratifications symboliques, lui permettant de renforcer ainsi son indépendance sur la scène internationale.

Conclusion

Dans un monde désormais multipolaire, traversé d'alliances économiques, politiques, stratégiques différenciées et superposées, la compétition d'influence entre la Turquie et la Russie en Asie centrale prend la forme d'un néo-impérialisme pragmatique s'étendant aux champs de l'économie, de la défense, de la politique, de la culture. Ces néo-impérialismes se jaugent et se neutralisent sur le terrain plus qu'ils ne s'affrontent ouvertement. Empreints d'une *realpolitik* vitale, ils se livrent compétition dans une forme de coopération par défaut, reportant la violence de cette compétition des tranchées vers les parts de marché.

Bibliographie sélective

Aras, Bülent et Fidan, Hakan, « Turkey and Eurasia: Frontiers of a New Geographic Imagination », *New Perspectives on Turkey*, n° 40, 2009, p. 193-217.

Bal, Idris, *Turkey's Relations with the West and the Turkic Republics. The Rise and Fall of the Turkish Model*, Londres, Routledge, 2008.

Balci, Bayram, *Islam in Central Asia and the Caucasus since the Fall of the Soviet Union*, Londres, Palgrave, 2018, p. 58-65.

Balci, Bayram, « Fethullah Gulen's Missionary Schools in Central Asia and their Role in the Spreading of Turkism and Islam », *State, Religion and Society*, n° 2, juin 2003, p. 151-177.

Di Bartolomeo, Anna, Makaryan, Shushanik et Weinar, Agnieszka (ed.), *Regional Migration Report: Russia and Central Asia*, Migration Policy Centre, 2014, en ligne : https://cadmus.eui.eu/bitstream/handle/1814/31245/RussiaAndCentralAsia_MPC_CarimEastReport.pdf?sequence=1.

Hostler, Charles Warren, *The Turks of Central Asia*, Westport, Praeger, 1993.

Keller, Shoshana, *Russia and Central Asia: Coexistence, Conquest, Convergence*, Toronto, University of Toronto Press, Higher Education Division, 2019.

Kinyakin, Andrey et Kucheriavaia, Svetlana, « The European Union vs. the Eurasian Economic Union: "integration race 2.0"? », *Przegląd Europejski*, vol. 2019, n° 3, p. 135-153, en ligne : https://przegladeuropejski.com.pl/api/files/view/1060619.pdf.

Köstem, Seçkin, « When Can Idea Entrepreneurs Influence Foreign Policy? Explaining the Rise of the "Turkic World" in Turkish Foreign Policy », *Foreign Policy Analysis*, n° 13, 2017, p. 722-740.

Laruelle, Marlène, « The "Russian World" Russia's Soft Power and Geopolitical Imagination », Center for Global Interests, 2015, en ligne : https://globalinterests.org/wp-content/uploads/2015/05/FINAL-CGI_Russian-World_Marlene-Laruelle.pdf.

Roy, Olivier, *La Nouvelle Asie centrale ou la fabrication des nations*, Paris, Seuil, 1997.

CHAPITRE 9

La coopération énergétique russo-turque : relation désirée, relation subie

Nicolas Mazzucchi

La relation énergétique russo-turque est marquée par deux grands enjeux qui se combinent le plus souvent : la fourniture d'énergie par la Russie à la Turquie et l'utilisation du territoire turc comme passerelle vers l'Europe pour les hydrocarbures russes. Le rôle d'interface Europe-Caucase-Proche et Moyen-Orient que joue la Turquie apparaît renforcé depuis quelques années, sur le plan tant géopolitique qu'économique. La découverte des gisements gaziers de Méditerranée orientale, le développement des champs pétroliers de la Caspienne, l'évolution de la consommation énergétique du charbon vers le gaz d'une partie des Balkans positionnent la Turquie au cœur de nouveaux enjeux pour le Sud-Est européen et, au-delà, pour l'ensemble du continent. Dans ce contexte, la Turquie doit faire face à l'évolution de sa propre demande énergétique vers plus de gaz et de sources bas carbone, en particulier nucléaires, aussi bien qu'à celle de ses voisins.

Au milieu des années 2000, la Turquie a connu un fort développement économique et industriel d'autant plus complexe à gérer qu'il s'est produit dans un pays de 80 millions d'habitants, aux dynamiques géographiquement très différenciées entre Turquie d'Europe et Turquie d'Asie. Cette croissance économique – en moyenne 4,8 % au cours de la décennie 2010 – a nettement accru les besoins turcs en énergie primaire, qui sont passés de 68,1 à 153,5 millions de tonnes équivalent pétrole (tep) entre 2001 et 2018, soit une croissance de près de 5 % par an. Pour subvenir à de tels besoins, il était nécessaire pour la Turquie de s'appuyer sur des partenaires fiables en termes de volume et pouvant proposer une énergie à des prix soutenables, d'autant plus que la part du charbon, seule ressource produite nationalement, a progressivement diminué dans la demande énergétique du pays.

La Russie, qui recherchait depuis 1980 des débouchés pétroliers et gaziers vers l'ouest, s'est imposée comme le fournisseur privilégié de la Turquie au même titre que des pays d'Europe centrale et orientale (Bulgarie, Finlande, pays baltes, République tchèque, Slovaquie, etc.). Avec les suites de l'annexion de la Crimée en 2014 et du conflit dans le Donbass, la Russie est considérée avec une défiance plus ou moins grande, tant en Europe que sur les rives de la mer Noire. Toutefois, elle demeure un partenaire énergétique indispensable pour la Turquie comme pour les Européens. Entre dépendance et opportunité en tant que nouvel axe de transit, Ankara ambitionne d'être davantage qu'un simple pion dans la stratégie géoéconomique de Moscou.

Une dépendance historique

La relation pétrolière russo-turque est relativement ancienne et se fonde sur l'abondance des ressources du

Caucase, là où l'exploitation industrielle du pétrole a commencé pour la Russie dans les années 1880. Grâce aux capacités d'exportation maritimes de la Russie - *via* le port de Novorossiïsk en particulier –, la Turquie a bénéficié d'un approvisionnement important en pétrole russe, avec une accélération notable depuis le début des années 2000. Le commerce bilatéral entre les deux pays, dominé par les ressources énergétiques, est ainsi passé de 5 à 38 milliards USD entre 2000 et 2008, juste avant l'internationalisation de la crise financière. La relation pétrolière russo-turque a ensuite continué à se développer, malgré les fortes tensions géopolitiques entre la Russie et la Turquie en 2015. Pour autant elle n'est pas exempte d'échecs, comme le montre l'abandon du projet russo-turc d'oléoduc *Samsun-Ceyhan* en 2014, lequel devait traverser la Turquie du nord au sud pour éviter le passage par les Détroits. Sur le plan gazier, le gazoduc *Bluestream* inauguré en 2005 est venu sceller la relation entre les deux pays sur les approvisionnements de la Turquie. Ce gazoduc marque la première coopération de grande ampleur et dans la durée entre Gazprom et Botaş, avec, en outre, l'entreprise italienne ENI, pour la pose d'un gazoduc de 16 milliards de mètres cubes (Mm^3) de capacité annuelle.

Côté turc, la diversification des sources d'approvisionnement en hydrocarbures constitue une priorité stratégique depuis plusieurs années. En effet, la part importante de la Russie dans les portefeuilles gazier (deux tiers des importations à la fin de la décennie 2000) et pétrolier de la Turquie a poussé Ankara à développer ses partenariats avec les pays proches riches en ressources, au premier rang desquels l'Azerbaïdjan et l'Irak. La relation énergétique Turquie-Azerbaïdjan, qui n'est que l'une des faces d'une coopération stratégique bien plus vaste, a connu une importante phase d'expansion encouragée par les États-Unis dans la seconde moitié des années 1990. L'ouverture de l'oléoduc *Bakou-Tbilissi-Ceyhan* en 2005 et celle du gazoduc *South Caucasus Pipeline* ou *Bakou-Tbilissi-Erzeroum* l'année suivante ont permis de créer un lien fort entre les deux pays. En Irak, l'oléoduc *Kirkouk-Ceyhan* est la seule voie d'exportation vers le nord encore active ; il permet aux autorités du Kurdistan de disposer d'une manne économique, renforçant leurs liens avec Ankara depuis 2013. Toutefois, cette relation est également dépendante des rapports internes à l'Irak, entre Bagdad et Erbil, qui apparaissent relativement tendus sur la possibilité d'une indépendance du Kurdistan. À la suite d'un référendum organisé par les autorités kurdes sur cette question en 2017, le gouvernement a déployé des forces militaires pour reprendre une partie des champs de Kirkouk au printemps 2018, avec un impact direct sur les livraisons de pétrole à la Turquie.

Toutefois, la stratégie de diversification d'Ankara se heurte à la réalité de la consommation turque et des capacités des pays autres que la Russie. En effet, sur le raffinage pétrolier, la Turquie a pendant longtemps été en sous-capacité critique, l'obligeant à importer beaucoup de produits finis. Or, l'une des principales caractéristiques de la Russie sur le plan pétrolier mondial est qu'elle est à la fois un gros exportateur de brut – comme les membres de l'Organisation des pays exportateurs de pétrole (OPEP) –, mais également un important exportateur de pétrole raffiné (elle dispose d'une capacité de

6,6 millions de barils par jour en 2019, pour une consommation nationale moitié moins importante).

La Turquie, chroniquement en sous-capacité de raffinage, a choisi au milieu des années 2010 de nouer un partenariat avec l'Azerbaïdjan *via* la compagnie pétrolière SOCAR pour la construction d'une nouvelle raffinerie – STAR –, qui a permis à Ankara de faire passer ses capacités de 596 000 à 818 000 barils par jour entre 2017 et 2018. Pour autant, la Turquie reste largement dépendante des importations de produits raffinés, avec une consommation annuelle de produits pétroliers de plus de 1 million de barils par jour. La capacité de raffinage est ici donnée à titre indicatif et doit être rapportée à la production annuelle réelle. En 2018, la Turquie a raffiné l'équivalent de 478 000 barils par jour, soit près de moitié moins que ce que sa capacité lui aurait permis théoriquement, et la Russie restait en 2019 le principal fournisseur de produits raffinés de la Turquie avec 35 % du total (contre 17 % pour l'Inde, 6,6 % pour Israël et 5,8 % pour la Bulgarie).

Dans le domaine gazier également, les besoins de la Turquie ne cessent d'augmenter, avec une croissance moyenne annuelle de 4 % sur la dernière décennie. Dans ce contexte, et malgré la diversification en termes de fournisseurs, la Russie demeure un acteur incontournable dans le mix gazier turc et sa capacité d'exportation à travers *Bluestream* lui permet de conserver un avantage important concernant les prix par rapport à des options plus lointaines. De fait, en 2019, la Russie fournissait toujours plus du tiers du gaz consommé en Turquie (elle était ainsi le premier partenaire devant l'Azerbaïdjan, à hauteur de 18 %).

Toutefois, la croissance des capacités de regazéification de la Turquie et la construction de nouveaux gazoducs menacent la place de la Russie dans le mix turc. Les États-Unis, en particulier, fournissent du gaz liquéfié à la Turquie dans des volumes non négligeables, faisant de Washington un partenaire maritime important aux côtés du Qatar et du Nigeria. De fait, la part de la Russie dans le mix gazier turc a connu une baisse tendancielle, y compris à cause de la mise en service en 2018 du *Trans Anatolian Pipeline* (TANAP, voir *infra*). Cependant, la crise des approvisionnements gaziers de l'automne 2021 offre de nouveaux leviers de négociation à Moscou. En effet, la Russie fait valoir – au moment de la renégociation d'un des grands contrats gaziers entre la Turquie et la Russie – que c'est grâce à *TurkStream* si la Turquie a été protégée de la flambée des prix. En d'autres termes, alors que la situation économique turque est particulièrement mauvaise depuis plusieurs années, une pression russe sur la stabilité des prix est particulièrement opportune, alors que Gazprom doit renégocier deux contrats gaziers fin 2021 pour un volume total de 8 Mm^3. Dans ce contexte économique turc morose, la différence de prix entre le gaz par gazoduc et le gaz naturel liquéfié (GNL) joue en faveur de Moscou.

Le nucléaire comme nouvel axe de coopération

Malgré cette volonté turque de distanciation géo-économique vis-à-vis de la Russie, le souci d'Ankara de disposer d'un accès à l'énergie nucléaire est venu resserrer les liens entre les deux pays à la fin des années 2000. La signature du contrat sur la centrale nucléaire d'Akkuyu, première en Turquie, construite et approvisionnée par Atomenergoprom, filiale de la corporation d'État russe Rosatom spécialisée dans le secteur de l'énergie nucléaire, a marqué une nouvelle étape dans la relation énergétique entre les deux pays. Signé en mai 2010, le contrat prévoit la construction de quatre réacteurs de type VVER-1200 (AES-2006), chacun de 1 200 MW de capacité. Les réacteurs à eau pressurisée de type VVER représentent un grand succès à l'export de la Russie, qui, dans la vague de renaissance nucléaire des années 2007-2011, a profité des déboires d'Areva et de Toshiba-Westinghouse pour s'imposer dans de nombreux pays (Inde, Turquie, Jordanie, etc.). Les acteurs russes du nucléaire, membres ou partenaires de Rosatom, possèdent la totalité des parts de l'entreprise de droit turc Akkuyu NPP. Toutefois, une clause existe dans le contrat pour la vente potentielle de 49 % des parts de l'entreprise Akkuyu NPP à des entreprises turques.

Akkuyu présente plusieurs caractéristiques intéressantes, notamment par rapport aux pratiques habituelles du secteur nucléaire russe. Elle est en effet la première centrale vendue suivant le modèle BOO (*Build-Own-Operate*). Jusqu'à présent, Atomenergoprom fonctionnait suivant un modèle économique BT (*Build-Transfer*), car l'entreprise opérait au sein de pays disposant déjà d'une expérience, même minimale comme l'Iran, dans le domaine du nucléaire. Avec Akkuyu, la Russie s'attaque au marché des primo-accédants avec une offre originale, calquée sur le modèle français, en y ajoutant des modules supplémentaires partiellement inspirés des contrats présidant à la construction des gazoducs : en plus de construire l'infrastructure proprement dite, la Russie y adosse un contrat de fourniture du combustible et de retraitement des déchets de réaction. Avec la promesse de construction d'une usine de fabrication de combustible en Turquie, la Russie s'assure ainsi une entrée décisive dans le secteur électrique turc à travers le contrat long terme de combustible puisqu'elle en profite pour imposer son savoir-faire ainsi que ses normes dans le domaine. En outre, ce contrat est doublé d'une offre de formation des ingénieurs turcs en Russie. C'est ainsi l'Institut d'ingénierie physique de Moscou, sous la tutelle semi-directe de Rosatom, qui est responsable de l'exécution du volet formation du contrat d'Akkuyu. Ce dernier, plus encore que le volet combustible, offre durablement à la Russie le rôle de partenaire privilégié de la Turquie dans le nucléaire civil. L'accord intergouvernemental de formation des ingénieurs nucléaires, signé en mai 2010, prévoit ainsi que la Russie accueille pour des formations longues (un an de formation linguistique et de trois à six ans de formation technique) un nombre important d'étudiants turcs. Plus de 250 étudiants turcs (quota de 80 par an) ont ainsi entrepris une formation exigeante qui permet à la Russie d'imposer à terme ses standards en agissant sur l'éducation des futurs responsables du secteur nucléaire turc.

Même si la Turquie a sélectionné d'autres entreprises pour les futurs projets de centrales (consortium franco-japonais à Sinop et discussions en cours avec la Chine pour une éventuelle centrale à Igneada), la Russie s'est ainsi dotée d'une double capacité d'influence sur l'ensemble du secteur, *via* à la fois les approvisionnements en combustible et la formation des techniciens, ce dont ne disposerait aucun autre partenaire. Ce partenariat russo-turc dans le nucléaire est d'ailleurs d'autant plus important que le projet franco-japonais de Sinop a finalement été abandonné par le Japon et que la concrétisation des prospects chinois tarde à venir. Le projet Akkuyu a visiblement fait l'objet d'une décision politique au plus haut niveau en Russie puisque l'appel d'offres a vu l'ensemble des compétiteurs se retirer un à un, en raison des prix de l'électricité considérés comme trop faibles pour assurer une bonne rentabilité (12,35 centimes USD/kWh). Il s'agit ainsi d'un projet de portée plus géopolitique que purement énergétique, marquant la volonté de Moscou de contrebalancer la diversification par la Turquie de ses sources d'approvisionnement en hydrocarbures. Le premier réacteur, dont la construction a commencé en 2018, devrait entrer en fonctionnement en 2023, avec une livraison finale de l'ensemble de la centrale pour 2026. À terme, Akkuyu comptera à elle seule pour 16 % des capacités de production électrique turques, lesquelles sont pour l'instant principalement au gaz (35 %), à l'hydraulique (30 %) et au charbon (21 %).

Russie-Turquie, une entente nécessaire pour les marchés européens ?

Cette dynamique relationnelle Russie-Turquie, loin de ne s'inscrire que dans un rapport à deux, est également structurante, depuis quelques années, dans la perspective de l'approvisionnement gazier des marchés européens. En effet, depuis la seconde moitié des années 2000, l'Europe cherche à ouvrir une nouvelle voie d'approvisionnement gazière contournant la Russie par le sud pour aboutir aux ressources de la région Caucase-Caspienne.

La coopération russo-turque, dans cette perspective, est incarnée par le gazoduc *TurkStream*, inauguré commercialement au début de l'année 2020. Le projet, signé en octobre 2016, manifestait aux yeux du monde l'apaisement des tensions géopolitiques entre les deux pays, sur le dossier syrien notamment. Ce projet porté par Gazprom, et associant l'entreprise d'État turque Botaş sur la partie terrestre de son tracé, prévoyait de relier les sources russes du Caucase-Nord à la frontière turco-bulgare, à charge pour les pays de l'Union européenne d'employer leur interconnexion au réseau turc pour récupérer le gaz de *TurkStream*. Le gazoduc, d'un volume relativement important (capacité annuelle de 31,5 Mm^3), est symbolique de la relation énergétique russo-turque dans son ensemble : la Russie est le maître d'ouvrage et l'acteur dominant pour ce qui concerne l'infrastructure et l'approvisionnement, mais ne peut se passer de la Turquie pour des raisons purement géographiques. Après l'échec du gazoduc géant *South Stream* (63 Mm^3) en 2014, la Russie se devait de trouver une nouvelle voie gazière au sud pour approvisionner ses clients des Balkans et d'Europe orientale (Slovaquie, Hongrie, etc.) sans toutefois faire passer le nouveau pipeline sur le territoire de l'UE, ce qui aurait nécessité d'appliquer l'ensemble des règles de l'UE sur les projets infrastructurels. *TurkStream* a été d'ailleurs conçu dans la perspective du contournement de l'Ukraine pour l'alimentation en gaz des clients d'Europe centrale. En témoigne le contrat signé en septembre 2021 entre la Hongrie et Gazprom pour un nouveau bail de quinze ans, qui passe par l'utilisation du *TurkStream* au lieu du traditionnel gazoduc *Trans Balkan,* ravivant la crainte ukrainienne d'un contournement futur du pays qui le priverait de gaz et de revenus économiques.

Pour le côté turc, *TurkStream* est une partie importante du système infrastructurel qu'Ankara cherche à mettre en place pour devenir à terme le *hub* gazier du Sud-Est européen. À ce gazoduc russo-turc s'adjoignent le gazoduc *TANAP,* qui traverse le territoire turc jusqu'à la frontière grecque pour amener le gaz d'Azerbaïdjan en Europe[1], ainsi que les différentes infrastructures de regazéification prévues pour le gaz du Moyen-Orient ou d'Afrique – quatre terminaux – et les dispositifs de stockage souterrain (2,5 Mm^3 construits auxquels s'ajouteraient environ 7 Mm^3 supplémentaires sur trois sites). *TANAP* dispose d'une capacité de 16 Mm^3 dont la moitié seulement est destinée à l'Europe, le reste devant être utilisé pour la consommation turque. Il s'agit ainsi, pour la Turquie, de multiplier les partenariats avec différents fournisseurs pour tenter de limiter la place de la Russie dans le jeu énergétique national, tout en s'imposant auprès des partenaires européens comme un acteur incontournable. Il faut également noter que la Turquie fait face à la Grèce, qui, avec des moyens certes moindres, met en place une stratégie équivalente reposant sur des gazoducs, des terminaux de regazéification et des sites de stockage souterrain.

Dans le domaine pétrolier également, la relation russo-turque est observée avec attention par les Européens. Une partie non négligeable des hydrocarbures produits dans la région caspienne, que ce soit par la Russie ou par ses voisins - en particulier le Kazakhstan -, est acheminée vers les marchés de consommation européens par voie maritime, *via* le port de Novorossiïsk. Or, cet approvisionnement par la mer Noire suppose également une traversée des Détroits turcs, ce qui fait de ces derniers une passe stratégique énergétique majeure au niveau mondial avec un volume de 2,4 millions de barils par jour. L'extension de l'oléoduc *Caspian Pipeline Consortium*, qui amène le pétrole de la Caspienne à Novorossiïsk, devrait renforcer le rôle central de la Turquie comme pivot mer Noire-Méditerranée, d'autant plus avec le projet de *Kanal Istanbul*. Ce nouveau couloir de navigation artificiel vise à doubler le Bosphore, en particulier pour diminuer les risques liés au trafic pétrolier en plein cœur d'Istanbul. Prévu pour 2023, il s'inscrit, avec le nouvel aéroport international, dans la grande vague de projets infrastructurels de la métropole turque. Il est toutefois controversé en Turquie même, y compris pour son caractère pharaonique et les impacts sociaux et environnementaux qu'il engendre.

Conclusion

La relation énergétique russo-turque qui se développe depuis de nombreuses décennies prend son origine dans une proximité physique certaine, héritière de l'époque où l'URSS et la Turquie partageaient une frontière dans le

Caucase. Ces dernières années, la Russie a été capable de fournir à la Turquie les ressources énergétiques et, dans une certaine mesure, industrielles permettant d'accompagner son développement économique. Toutefois, cette relation demeure marquée par une certaine appréhension mutuelle, portant sur la volonté hégémonique de Moscou pour Ankara et sur la fiabilité relative du partenaire turc pour Moscou. De fait, les deux tendent à considérer l'autre comme une partenaire obligatoire, souvent plus au plan stratégique que purement économique. Cette situation est d'ailleurs renforcée depuis 2010 avec la signature du contrat sur la première centrale nucléaire turque, remportée par la grande corporation d'État russe Rosatom. Moscou démontre ainsi son savoir-faire dans la gestion de projets complexes pour les pays primo-accédants, et le président Erdogan peut enfin clamer que son pays fait partie des puissances technologiques de la région.

L'ambiguïté de la relation russo-turque tend à se dénouer en regard des enjeux que représente l'approvisionnement des pays tiers. L'ambition de la Turquie de devenir le nouveau *hub* énergétique - surtout gazier - pour le Sud-Est européen ne peut ainsi pleinement se réaliser qu'avec la coopération de la Russie puisque Moscou va demeurer, pour des années encore, le principal fournisseur de gaz et de produits pétroliers de cette région. De son côté, la Russie voit dans cette aspiration turque l'opportunité de court-circuiter la volonté de l'Union européenne d'opérer un contournement par le sud de son territoire pour accéder directement aux sources d'approvisionnement de la zone Caucase-Moyen-Orient. La relation russo-turque semble donc se sanctuariser

– malgré la défiance réciproque – face à une UE dont les ambitions géopolitiques peinent à se traduire en actions concrètes. L'échec du projet de gazoduc *Nabucco* et de ses succédanés, tel *White Stream*, a pratiquement sonné le glas de l'action de l'Union européenne dans la région, action qui n'est plus guère aujourd'hui perceptible qu'à travers le petit gazoduc *TANAP*.

Toutefois, dans ce jeu à trois, la Russie et la Turquie essaient chacune de s'octroyer la part du lion. La volonté d'Ankara de se positionner en tant que *hub* signifie également une diversification des sources, ce pour ne pas tomber dans un scénario ukrainien d'enfermement territorial. La Russie quant à elle joue autant le flanc sud de l'Europe avec la Turquie que le flanc nord avec l'Allemagne – *via* les gazoducs *Nord Stream* 1 et 2 – pour s'affranchir de la route terrestre traditionnelle, sans parler des liens ténus que Moscou peut entretenir avec d'autres partenaires de la région Méditerranée orientale – Proche-Orient. Chacun des deux acteurs se positionne donc dans une relation non exclusive afin de maximiser sa position comme fournisseur ou comme zone de transit. Le principal enjeu dans ce contexte est de savoir dans quelle mesure une relation fondée autant sur le besoin mutuel que sur une certaine forme de défiance peut durer dans le temps.

Bibliographie sélective

Agence internationale de l'énergie, *Energy Policies of IEA Countries: Turkey*, Paris, OCDE, 2016.

AVATKOV, Vladimir *et alii*, *New Stage of Russia-Turkey Economic Relations*, Moscou, RIAC, 2016.

HILL, Fiona, *Energy Empire: Oil, Gas and Russia's Revival*, Londres, The Foreign Policy Centre, septembre 2004.

MAZZUCCHI, Nicolas, *Énergie, ressources, technologies et enjeux de pouvoir*, Paris, Armand Colin, 2017.

WEISS, Andrew (ed.), *Promoting International Energy Security*, vol. 2, *Turkey and the Caspian*, Santa Monica, RAND, 2012.

CHAPITRE 10

Au-delà de l'énergie : les relations économiques turco-russes

Soli Özel

L'étendue et le volume actuels des activités économiques entre la Turquie et la Russie sont sans précédent, mais leur existence n'est pas une nouveauté totale[1]. Les deux pays ont en effet entretenu d'importantes relations économiques tout au long du siècle dernier, même lorsqu'ils étaient des adversaires stratégiques et idéologiques féroces. En fait, l'histoire du développement économique de la Turquie ne pourrait être écrite sans références aux prêts soviétiques, aux transferts de savoir-faire et aux accords de troc antérieurs à l'important accord de 1984 que les deux parties ont signé à Ankara le 18 septembre de cette année-là.

L'effondrement inattendu de l'Union soviétique en décembre 1991 a marqué le début d'une nouvelle ère dans la politique internationale et, naturellement, dans les relations turco-russes. Les rapports économiques entre la Russie et la Turquie se sont développés dans les années 1990, qui ont vu une expansion du commerce informel entre les deux pays au moment même où les entrepreneurs turcs s'établissaient de manière importante en Russie. La croissance du commerce et la dépendance énergétique grandissante de la Turquie vis-à-vis de la Russie au cours des vingt dernières années seront également traitées dans ce chapitre.

Le commerce de valise entre la Turquie et la Russie

Ce que l'on appelle le « commerce de valise », centré sur le quartier conservateur de Laleli à Istanbul, est généralement ignoré dans les analyses des rapports économiques turco-russes, alors qu'il mérite que l'on s'y intéresse sérieusement pour avoir une image plus complète des relations économiques bilatérales. Après la disparition de l'URSS, le commerce de valise - ou commerce des navettes - en a même constitué une part significative. Il a débuté à l'époque de la *perestroïka* et a prospéré dans les années 1990, lorsque l'économie russe était en pleine crise. Ce commerce informel, qui a progressivement diminué au fil des ans en raison des mesures de restriction imposées par Moscou, représentait cependant toujours, en 2014, 8,5 milliards de dollars en export pour la Turquie.

À la fin des années 1980, Laleli s'est installé dans le rôle d'un quartier avec des hôtels de taille et de qualité moyennes, avec des magasins de petite et moyenne envergures et des produits de moindre qualité. Les marchandises vendues dans ce réseau de commerce étaient principalement des biens de consommation - textiles, articles de cuir et produits ménagers. À son apogée, en 1995, le volume du commerce de valise atteignait un montant estimé à 10 milliards de dollars, et la Turquie aurait réalisé cette année-là un chiffre d'affaires d'environ 5 milliards de dollars pour les quelque 5 000 boutiques de Laleli. Même après la crise du rouble en 1998, le commerce de valise comptait pour 10,3 % du commerce extérieur de la Russie.

En dépit de marges bénéficiaires en diminution, de plusieurs faillites et d'un régime douanier réglementaire instable, ces réseaux transnationaux ont fait preuve d'une résilience particulière. Bien que fragiles et transitoires par nature, ils ont surtout été considérés comme une communauté d'affaires transnationale en raison de leurs cadres pratiques et normatifs communs. La manière dont les agents économiques ont établi des liens commerciaux et construit la confiance à Laleli était assez caractéristique de ces pratiques. Ce réseau commercial de Laleli a poursuivi ses activités comme plaque tournante pour les commerçants transnationaux pendant plus de vingt ans.

Grâce à la libéralisation du commerce qui a débuté dans les années 1980 et à la libéralisation financière qui a suivi dans les années 1990, l'économie turque a progressivement abaissé ses barrières réglementaires aux investissements directs étrangers, aux flux d'actions et aux matières premières. La déréglementation intensive de l'économie a créé un environnement fertile pour l'informalisation.

Laleli a été durement touché lorsque les récents changements politiques ont affecté les ventes, entraînant une baisse à 8,6 milliards de dollars en 2014 – l'année où la Crimée a été annexée et où des sanctions ont été imposées à la Russie. Elles ont dégringolé à 5,5 milliards de dollars l'année suivante[2]. La baisse du commerce de valise s'est accompagnée d'une diminution des exportations totales turques (de 168 milliards de dollars en 2014 à 151 milliards de dollars en 2015).

Commerce formel, coopération économique de la mer Noire, investissement, construction et tourisme

Le gouvernement turc avait anticipé les changements géopolitiques et géoéconomiques fondamentaux qui allaient se produire dans son voisinage immédiat quand l'URSS, sous la houlette de Mikhaïl Gorbatchev, entreprit son programme de restructuration économique ambitieux, mais finalement inefficace et destructeur. En conséquence, la bureaucratie économique turque et certains diplomates ont commencé à appréhender l'espace économique soviétique comme une zone à explorer et à exploiter pour promouvoir les intérêts économiques de la Turquie. Dans cette optique, l'une des initiatives turques les plus importantes du début des années 1990 a été la fondation, en 1992, d'une organisation ayant pour objectif affiché de créer une zone d'intégration économique dans la région de la mer Noire, la Coopération économique de la mer Noire (CEMN). Le président turc de l'époque, Turgut Özal, considérait que ce projet présentait des opportunités importantes pour la Turquie. Il pensait qu'avec la fin de la guerre froide et l'évolution vers le marché de l'ancien système économique soviétique, de nouvelles possibilités de coopération économique s'ouvriraient dans les régions limitrophes de la Turquie. La CEMN était ainsi censée devenir une organisation multilatérale d'intégration des économies des pays riverains de la mer Noire et de ceux de la périphérie intéressés par un tel projet. Comme le notent Davut Han Aslan et Muhammadqosim Sharapov :

> L'initiative d'Ankara visait à rassembler les États ayant des frontières en mer Noire et après l'effondrement du rideau de fer, il s'est agi de l'élargir. La principale motivation d'Ankara était de créer une atmosphère de coopération fondée sur l'économie afin de prévenir les risques de conflits futurs dans la région de la mer Noire... Initialement, l'objectif principal de la CEMN était de créer une « zone de libre-échange » dans la région de la mer Noire, mais elle a ensuite été adaptée pour devenir un projet de coopération économique.

En fin de compte, la CEMN n'est pas devenue ce que ses initiateurs voulaient qu'elle soit, et elle n'a connu qu'un succès limité.

Au moment même de la création de la CEMN, la Turquie et la nouvelle Fédération de Russie ont signé en 1992 leur premier accord sur les principes fondamentaux de leurs relations bilatérales, visant à approfondir la coopération politique, économique et culturelle. Entre 1992 et 1996, plus de vingt accords ont été signés, couvrant des questions économiques, technologiques, scientifiques, culturelles et touristiques. Balta et Özkan notent que la Commission économique mixte turco-russe qui a jeté les bases des relations économiques actuelles a elle aussi été fondée en 1992. Le commerce bilatéral a connu une croissance régulière dans les années 1990 et a décollé dans les années 2000, malgré les problèmes causés par la concurrence géopolitique entre les deux pays. Alors que les échanges commerciaux s'élevaient à 1,84 milliard de dollars en 1992 (Aydin), ils atteignaient 25,5 milliards de dollars en 2018 après avoir connu un pic à près de 38 milliards de dollars en 2008 et une chute brutale à la suite des sanctions prises par la Russie quand la Turquie a abattu un avion de chasse russe Su-24 à l'automne 2015. Alors que le commerce bilatéral était globalement équilibré dans les années 1990, la Turquie a enregistré par la suite un déficit commercial important et constant vis-à-vis de la Russie en raison de sa forte dépendance aux importations d'énergie.

Mitat Çelikpala considère la visite du Premier ministre russe Mikhail Kasyanov en octobre 2000 comme un tournant dans les relations entre les deux États. Au cours de cette visite, Kasyanov a déclaré que « la Russie et la Turquie ne sont pas des rivaux. Nous sommes des partenaires et nos gouvernements vont développer nos relations bilatérales selon ce principe ». Pour Çelikpala, c'est à ce moment que les deux pays ont mis de côté leurs conflits géopolitiques des années 1990 qui entravaient leurs liens économiques, ont décidé de cloisonner les différents domaines de leurs relations et d'aller de l'avant dans un contexte de relations économiques et commerciales plus favorable.

D'autres raisons expliquent la croissance plus visible des échanges après 2000. Sous la présidence de Vladimir Poutine, l'économie russe a commencé à se redresser.

Au lendemain de l'effondrement financier de 1998, la gestion de l'économie s'est améliorée et, surtout, la hausse des prix du pétrole a permis à la Russie de se relever financièrement. Comme la Turquie, à la suite de sa propre crise financière en 2001, s'est rapidement redressée et a commencé à croître rapidement, ses besoins énergétiques ont considérablement augmenté. La Turquie, qui vient au deuxième rang mondial après la Chine pour l'augmentation de ses besoins en énergie et en électricité, a vu ses importations monter considérablement au cours de cette période en raison de sa forte dépendance à l'égard du gaz russe. Lorsque la crise financière globale de 2008-2009 est survenue, le commerce bilatéral avait atteint les 38 milliards de dollars susmentionnés, un niveau qui n'a pas été retrouvé depuis.

En l'état actuel des choses, le déséquilibre des relations commerciales se maintiendra dans l'avenir prévisible. En effet, en 2018, la Russie se classait au douzième rang des destinataires des exportations de Turquie, avec un volume de 3,4 milliards de dollars (Türkiye Istatistik Kurumu/Institut turc de la statistique), et elle était numéro un pour les importations avec un montant de près de 22 milliards de dollars. Les exportations turques sont constituées de textiles (environ 20 %), de machines et d'équipements (23 %), de produits alimentaires (environ 22 %) et d'appareils électroménagers. Köstem affirme que « si les médias turcs se sont surtout intéressés à l'embargo russe sur les tomates turques, les secteurs les plus gravement touchés par les sanctions russes [prises après l'incident du Su-24, NDLR]... sont l'industrie automobile, les machines et les équipements ».

Les entrepreneurs et leur travail

Les entreprises turques sont actives dans la Fédération de Russie depuis l'accord de 1984 dont elles tirent parti des clauses. La plupart d'entre elles ont acquis une superbe réputation. Fin 2017, les entrepreneurs turcs avaient réalisé des contrats en Russie pour une valeur de plus de 65 milliards de dollars et y avaient investi environ 10 milliards de dollars. Les investissements russes en Turquie (en excluant la centrale nucléaire d'Akkuyu) ont égalé ce chiffre (ambassade de Turquie en Fédération de Russie). Köstem indique que

> Les investissements russes en Turquie se concentrent sur des secteurs tels que l'énergie, la métallurgie, la banque et l'industrie automobile, qui sont d'une importance stratégique et d'une valeur ajoutée supérieures par rapport aux investissements turcs en Russie. Ceux-ci [...] se concentrent sur le secteur de la construction [...] ainsi que sur des secteurs de faible à moyenne technologie tels que les boissons alcoolisées, les produits chimiques et la production de verre.

Fin 2016, plus de 2 000 entreprises russes opéraient en Turquie et environ 1 500 entreprises turques – en Russie.

À l'échelle mondiale, les entrepreneurs turcs ont réussi à pénétrer les marchés depuis qu'ils ont commencé à remporter des appels d'offres dans différentes parties du monde, à commencer par la région Moyen-Orient/Afrique du Nord, à partir de 1972. Les chiffres de l'Association des entrepreneurs turcs suggèrent que « 1 939 projets d'une valeur de 64,8 milliards de dollars ont été réalisés dans la Fédération de Russie ». En 2016, des projets d'un montant de 9,9 milliards de dollars étaient sous contrat, principalement pour la construction de terminaux d'aéroport, de routes, d'entreprises diverses, de centres commerciaux, d'hôpitaux, de complexes résidentiels et de centres d'affaires. Les activités des entreprises de construction turques ont été considérablement réduites à la suite de l'épisode du Su-24 en novembre 2015. Progressivement, cependant, les restrictions ont été levées.

Les entrepreneurs russes ont également été actifs sur le marché turc. Outre la centrale nucléaire d'Akkuyu, extrêmement importante, les entreprises russes, en partenariat avec des homologues turques, ont jusqu'à présent été engagées principalement dans la construction de centrales hydroélectriques, de barrages et d'un tunnel sous-marin qui fait partie du projet d'eau douce de Melen.

Les flux d'IDE

Les flux d'investissements directs à l'étranger (IDE) russes vers la Turquie se sont accélérés après 2011 et revêtent une orientation stratégique. Le géant de l'acier Magnitogorsk Metal (MMK) a construit, conjointement avec l'entreprise sidérurgique turque Atakaş, une aciérie à Iskenderun, qui est actuellement la plus grande de Turquie. MMK exploite également le port privé de Dörtyol, près d'Iskenderun. Ces deux installations se trouvent aussi à grande proximité de la centrale nucléaire d'Akkuyu, que la Russie construit, possède et exploite. Après un amendement au contrat initial, Rosatom est en mesure d'utiliser les zones environnantes pour ses propres activités économiques, de même que les installations portuaires de Mersin sur la côte méditerranéenne. Lukoil est aussi très présent sur le marché turc depuis qu'il a racheté Akpet. Le groupe automobile GAZ possède pour sa part une usine à Sakarya.

Bien qu'il y ait une équivalence approximative dans le montant des IDE investis par les entreprises de chacun des deux pays dans l'autre, il y a un déséquilibre au niveau de la part que ces IDE représentent dans l'économie de chacun : alors qu'au cours de la décennie 2007-2016, « les IDE originaires de Russie [...] ont représenté 2,8 % du total des entrées d'IDE dans l'économie turque [...] les IDE originaires de Turquie [...] ne comptaient que pour 0,3 % du total des IDE dans l'économie russe » (Köstem).

Flux et reflux du tourisme

Enfin, le tourisme joue un rôle important dans les relations économiques entre les deux pays. Depuis longtemps, la Turquie, et en particulier la Riviera turque, est une des destinations favorites des touristes russes. On peut dire que le tourisme a été le secteur le plus touché par les sanctions mises en place par le président Poutine en représailles pour l'incident du Su-24, et l'interdiction des vols directs vers la ville méridionale d'Antalya sur la Riviera turque, l'un des principaux bénéficiaires de ce tourisme, a eu un impact dévastateur. De nombreux hôtels de la ville s'adressaient spécifiquement aux touristes russes et certains étaient conçus spécialement pour attirer cette clientèle. Le nombre de touristes russes venus en Turquie est passé de 700 000 en 2000 à 4,5 millions en 2014. Certes, les sanctions imposées à la Russie à la suite de l'annexion de la Crimée et le ralentissement de l'économie russe ont entraîné une baisse du nombre de touristes - en 2015, ce dernier était tombé à 3,7 millions ; mais les sanctions russes à l'encontre de la Turquie ont entraîné une réduction beaucoup plus forte du nombre de visiteurs, chutant à 900 000. Cependant, une fois que les relations se sont améliorées, les chiffres sont immédiatement repartis à la hausse pour atteindre 4,7 millions en 2017 et près de 6 millions en 2018 (Masumova ; ambassade de Turquie en Fédération de Russie). En revanche, le refus du gouvernement russe de lever l'obligation de visa a fortement diminué le nombre de Turcs voyageant en Russie.

Conclusion

Comme il sied à une puissance moyenne, la Turquie a toujours veillé à entretenir des relations raisonnablement bonnes avec son ennemi juré historique et rival de la guerre froide, l'Union soviétique, puis avec la Fédération de Russie. D'ailleurs, dans la première moitié du XXe siècle, la solidarité et la coopération économique entre les deux jeunes régimes, malgré les différences politiques et idéologiques, étaient à la fois exemplaires et pragmatiques. Et, même pendant la guerre froide, la coopération économique a prospéré malgré la rivalité stratégique soviéto-turque.

La situation depuis le début du XXIe siècle s'est avérée qualitativement différente des périodes précédentes : malgré la récente réduction du volume des importations de gaz, la dépendance de la Turquie à l'égard de l'énergie russe, accentuée par la décision de choisir Rosatom pour construire, posséder et exploiter sa première centrale nucléaire, son incapacité à dominer un quelconque segment de marché en Russie, à l'exception peut-être du secteur de la construction, sa vulnérabilité aux sanctions russes et les fluctuations dans la situation économique de la Russie (affectant en particulier le tourisme) rendent les rapports économiques entre les deux pays très inégaux et, dans une certaine mesure, instables. Ce que la plupart de ceux qui écrivent sur ces rapports préfèrent appeler coopération est en fait une dépendance pour la Turquie, induite autant par son appétit d'énergie insatiable que par une réflexion et un comportement stratégiques déficients de la part des gouvernements turcs successifs dans la gestion de ces relations.

La vulnérabilité de l'économie turque dans la relation avec la Russie n'est apparue que trop clairement lorsque Vladimir Poutine lui a imposé des sanctions sévères après la crise du Su-24. Ces sanctions ont mis en évidence à quel point est manifeste l'asymétrie dans l'« interdépendance asymétrique » (Köstem) entre la Russie et la Turquie - les intérêts économiques turcs pouvant être facilement lésés par des changements défavorables de la politique russe. Tout récemment, en avril 2021, le président Poutine a « pénalisé » la Turquie, ou du moins lui a donné un coup de semonce, en raison du débat en cours sur *Kanal Istanbul* et l'éventuelle suspension de la convention de Montreux de 1936 (aussi improbable soit-elle), en limitant les vols vers la Turquie, en renvoyant des tomates infestées de pesticides et en faisant attendre les camions turcs à la frontière pendant de longues périodes.

Ce tableau donne à penser que la Turquie ne peut pas compter sur ses échanges avec la Russie et sur le marché russe pour sa croissance économique, compte tenu notamment de la composition de ses exportations. Dans un avenir proche, il est très peu probable que cette composition ou la demande russe de produits industriels turcs évoluent beaucoup. Par conséquent, le marché russe est en soi trop petit pour se substituer aux principaux marchés européens de la Turquie. Après tout, même après le grand bond en avant réalisé dans la diversification des relations économiques et des marchés de la Turquie au cours de la première décennie du XXIe siècle, l'Union européenne représente toujours 50 % du volume global des échanges commerciaux du pays. En 2018, la Turquie a exporté près de 70 milliards de dollars vers l'UE et en a importé presque autant. La balance commerciale entre la Turquie et l'UE-27 est donc non seulement gérable, mais elle semble actuellement favorable à la Turquie. Cela fait tout autant partie de la réalité des relations économiques entre la Turquie et la Russie que l'« interdépendance asymétrique » qui les définit et qui fixe les limites de la recherche par la première de paradis économiques alternatifs susceptibles de l'aider dans sa quête de développement durable.

Bibliographie sélective

Aslan, Davut Han et Sharapov, Muhammadqosim, « Turkey and the Black Sea Economic Cooperation (BSEC) », Varsovie, Vistula University, 2014, p. 126-136, en ligne : http://cejsh.icm.edu.pl/cejsh/element/bwmeta1.element.desklight-fdfa942c-349f-49be-bbc0-9dd658239a5b/c/Zeszyty-naukowe-34_2014.126-136.pdf.

Balta, Evren et Özkan, Behlül, « Türkiye-Rusya ilişkilerine "Tarih" ile Bakmak », Bogaziçi Üniversitesi-TÜSIAD Diş Politika Forumu Araştirma Raporu, Istanbul, 2016.

Eder, Mine, Yakovlev, Andrei et Çarkoglu, Ali, « The Suitcase Trade between Turkey and Russia: Microeconomics and Institutional Structure », *Working Paper 4*, Moscou, State University - Higher School of Economics, 2003.

Çaliş, Şaban Halis, *Turkey's Cold War*, Londres, IB Tauris, 2017.

Köstem, Seçkin, « The Political Economy of Turkish-Russian Relations: Dynamics of Asymmetric Interdependence », *Perceptions*, vol. 23, n° 2, été 2018, p. 10-32.

Masumova, Nigyar R., « Russia and Turkey: Resetting Economic Partnership », *Perceptions*, vol. 23, n° 2, été 2018, p. 33-50.

Öniş, Ziya et Yilmaz, Şuhnaz, « Turkey and Russia in a Shifting Global Order: Cooperation, Conflict and Asymmetric Interdependence in a Turbulent Region », *Third World Quarterly*, vol. 37, n° 1, 2016, p. 71-95.

Yardimci, Okan, « Energy Cooperation in the History of Turkish-Russian Relations », 9 juillet 2015, en ligne : https://www.linkedin.com/pulse/energy-cooperation-history-turkish-russian-relations-okan-yardımcı.

CHAPITRE 11

Le S-400 et après ? Les limites du partenariat d'armement et de défense russo-turc

Isabelle Facon

Novembre 2015 : la presse internationale s'interroge, non sans exagération d'ailleurs, sur le risque que l'incident militaire entre la Russie et la Turquie (la seconde ayant abattu un Su-24 russe après que celui-ci eut apparemment violé brièvement son espace aérien) puisse déboucher sur une confrontation militaire entre les deux pays, si ce n'est entre l'OTAN et la Russie. À peine deux ans plus tard, les questionnements sont très différents : la nouvelle connivence russo-turque, *a priori* matérialisée par la commande turque de systèmes russes S-400, ne va-t-elle pas finir par priver l'OTAN de son avant-poste méridional ? Il faut dire que la transaction, signée le 12 septembre 2017, un an après le coup d'État manqué en Turquie, porte sur un système antiaérien et antimissile sophistiqué déployé par l'armée russe sur toutes les zones stratégiques qu'elle estime vulnérables à la pression de l'OTAN. « L'affaire du S-400 » invite à mesurer les tendances et la profondeur de l'entente russo-turque dans le domaine de l'armement, dont le développement ultérieur a été annoncé de part et d'autre comme devant être une suite logique. En effet, achats d'équipements militaires et coopérations militaro-industrielles peuvent avoir des effets structurants sur la relation entre deux États, l'orientant potentiellement vers un « partenariat stratégique » (ce qu'a dit espérer Alexandre Mikheev, le DG de la centrale d'export d'armement russe Rosoboronexport, évoquant la « pleine confiance réciproque » qu'incarne le contrat S-400[1]). À ce stade, cependant, l'étude des tendances de la coopération bilatérale dans ces domaines sensibles tend à confirmer la grande ambivalence de la relation et de ses moteurs.

S-400 : un achat politique et symbolique

La vente du S-400 à l'armée turque, pour un montant de 2,5 milliards de dollars, a frappé les esprits, ne serait-ce qu'en raison de la détermination manifeste des deux parties à la concrétiser le plus rapidement possible. Tandis que le président Erdogan résistait à la forte pression de ses alliés de l'OTAN, hostiles à cette opération jugée incompatible avec la sécurité et la cohésion de l'Alliance[2], le groupe Almaz-Anteï, de son côté, mettait tout en œuvre pour la réaliser avant la date prévue, selon la demande de la Turquie. Ainsi, la livraison commence en juillet 2019 au lieu de mars 2020, confirmant la valeur politique attachée au contrat par le Kremlin, qui a proposé aux Turcs un schéma de financement attrayant (crédit russe, en roubles et non en dollars, couvrant à 55 % le contrat). À l'automne 2020, l'armée turque testait ses S-400.

Plusieurs éléments peuvent expliquer la décision de la Turquie en faveur des systèmes russes. Son souhait d'acquérir un système antiaérien à long rayon d'action, dont la production n'est pas encore à la portée de l'industrie d'armement nationale et dont l'absence dans les forces est considérée comme un manque capacitaire dommageable, la rendant dépendante des alliés de l'OTAN, ne date pas d'hier. Quand elle a lancé un appel d'offres pour en acquérir, en 2009, la proposition russe (qui, il est vrai, concernait le système de génération antérieure, le S-300VM Anteï-2500) avait été la première à être rejetée. La Turquie avait opté pour une offre chinoise, à laquelle elle avait fini par renoncer sous la pression des Alliés. Le fait qu'elle va, cette fois-ci, jusqu'au bout de la démarche montre que la dégradation de sa relation avec les Occidentaux n'a fait que s'accentuer entre-temps. Les Turcs, depuis la guerre d'Irak de 2003 jusqu'à la guerre en Syrie, ont plus d'une fois fait état de leur perception d'un défaut de solidarité des Alliés sur leurs enjeux de sécurité prioritaires. Affirmant qu'ils n'intégreraient pas les S-400 dans le système otanien, que les systèmes seraient activés dans des zones que ne survoleraient pas des avions alliés, ils ont indiqué que l'acquisition du système russe correspondait au besoin de se défendre contre les effets de l'instabilité régionale, voire le « terrorisme kurde », dossiers sur lesquels les positions occidentales se sont avérées peu conciliables avec celles de la Turquie au cours des dernières années, en particulier le soutien américain à l'YPG. Ainsi, supposent des experts turcs et russes, en faisant l'acquisition du S-400, la Turquie pourrait vouloir assurer des missions pour lesquelles elle ne souhaiterait pas (ou ne pourrait pas) obtenir l'appui des alliés de l'OTAN – sans doute une référence à sa dépendance à leurs moyens antiaériens, dont la mise à disposition peut avoir sa part d'aléatoire[3], et/ou à l'impossibilité de trouver un accord sur les termes d'une coopération entre la Turquie et les Alliés sur l'acquisition de systèmes antiaériens.

L'échec de la Turquie et des États-Unis à s'entendre à ce sujet est sans conteste symbolique de la défiance croissante entre les deux acteurs. Il est d'ailleurs aujourd'hui présenté par des politologues turcs comme l'effet d'une erreur de jugement stratégique de la part de Washington, comme, auparavant, ils auraient négligé, sur l'Irak ou la Syrie, l'expression par les autorités turques de leurs préoccupations de sécurité. Le coup d'État de 2016 a renouvelé les termes de la tension entre la Turquie et les Alliés, la première reprochant aux seconds leur manque de soutien, si ce n'est leur complicité avec les acteurs de cette tentative avortée, et rejetant leurs critiques sur les répressions qui ont suivi dans le pays. Or, certaines analyses supposent que le S-400 pourra être déployé pour protéger le président d'un nouveau coup engageant les forces aériennes. Quelle meilleure mesure de rétorsion, dans ce contexte, que de faire « ami-ami » avec la Russie (qui, elle, a immédiatement exprimé son soutien au président Erdogan), considérée comme la menace principale par bon nombre de membres de l'OTAN ?

Moscou, de son côté, voit peu de désavantages possibles à la transaction S-400, même si la presse s'est fait l'écho d'inquiétudes sur l'accès à des technologies militaires sensibles russes qu'elle est susceptible de donner à l'OTAN. D'une part, ce contrat a offert une forte publicité à son secteur missilier, un de ses domaines d'excellence à l'exportation d'armement. D'autre part, il lui a permis de mettre en avant le fait que des pays importants résistent à la menace de sanctions américaines qui pèse désormais sur toute transaction avec l'industrie d'armement russe, et que ces sanctions, présentées comme des mesures de concurrence déloyale, n'empêchent en rien cette dernière de s'acquitter de ses obligations dans le cadre de contrats internationaux. Enfin, et surtout, du fait du caractère stratégique du système concerné, cette opération constituait une occasion supplémentaire d'ébranler le consensus interne de l'Alliance atlantique, désormais présentée dans tous les documents stratégiques russes comme la principale source de menaces et de dangers pour la sécurité de la Russie. C'est la raison pour laquelle certains spécialistes russes appelaient en substance, au lendemain de la signature du contrat S-400, au développement rapide de projets conjoints dans le domaine de l'armement afin d'« ancrer la coopération dans le long terme et d'enraciner le changement géopolitique en cours » par des schémas de coopération créant la confiance *via* l'élargissement des liens à d'autres sphères de la diplomatie de défense, au-delà de la « simple » vente d'armes : échange d'officiers, programmes communs dans des instituts techniques, exercices et formations conjoints entre les forces armées[4].

Quelle relation d'armement après le S-400 ?

Le président Erdogan, lors d'une visite à Sotchi en octobre 2019, a annoncé que les deux pays, qui ont également convenu de renforcer la part des devises nationales dans leur commerce bilatéral pour se prémunir contre les effets des sanctions américaines, allaient continuer à coopérer dans l'industrie de défense. L'année suivante, Sergueï Tchemezov, le patron de la tentaculaire compagnie d'armement russe Rostec et proche du président Poutine, déclarerait que la possibilité d'une nouvelle commande de S-400 par la Turquie était déjà à l'étude. Au moment de la finalisation de la réalisation du contrat S-400 fin 2019, les responsables de Rosoboronexport parlent hélicoptères, avions de combat, systèmes antiaériens de différentes portées pour compléter la couverture antiaérienne turque[5], composants pour blindés... Des experts turcs supposent, eux, que l'institution militaire de leur pays pourrait être intéressée par l'offre russe dans les missiles antinavires, certains types de radars, les systèmes de défense antiaérienne portatifs, les avions de transport, les armements antichars, voire des moteurs pour des lanceurs spatiaux. Flattant la Turquie en saluant ses succès dans la formation d'une industrie d'armement nationale, la partie russe a mentionné un éventuel intérêt pour certaines de ses productions, principalement les drones, et pour l'expérience turque dans certaines catégories de bâtiments navals.

Pourtant, la Turquie n'a pas jusqu'ici été un client important de l'industrie d'armement russe, du fait à la fois de son orientation « naturelle » vers les fournisseurs occidentaux et du développement de ses propres capacités industrielles de défense. Selon le SIPRI, sur les trente dernières années, elle n'a passé qu'une poignée de contrats auprès de l'industrie russe : matériels de seconde main au tout début des années 1990 (véhicules blindés de transport de troupes BTR-80 et BTR-60PB) ; 40 BTR-80 et 19 hélicoptères Mi-8 et Mi-17 (1992, pour la police nationale) ; systèmes antichars Kornet (2008 et 2018). La Russie a bien tenté d'élargir sa part du marché turc en participant à différents appels d'offres. Mais elle a obtenu principalement des contrats d'entretien de matériels précédemment vendus à l'armée turque et d'équipements de production soviétique exportés par des pays tiers. Pour autant, l'évolution favorable de la situation politique entre les deux États, conjuguée aux sanctions américaines imposées à la Turquie à la suite de la signature du contrat S-400, a suscité chez certains l'espoir d'une nouvelle donne.

Ces attentes ont porté, en particulier, sur le secteur aéronautique, les États-Unis ayant exclu la Turquie du projet F-35 en représailles de son « entêtement » à donner suite au contrat S-400. Deux mois après cette mise à l'écart, qui sera suivie de sanctions à l'encontre de l'agence turque des marchés publics militaires, le président Erdogan, en compagnie de son homologue russe, avait fait une visite remarquée au Salon aéronautique russe MAKS (été 2019), y affirmant que la Turquie souhaitait produire des matériels militaires conjointement avec la Russie. À cette même occasion, Vladimir Poutine avait jugé possibles des coopérations sur le Su-35, voire le Su-57. Les hypothèses sont allées bon train sur la possible acquisition de ces appareils par Ankara. La partie russe aurait d'ailleurs formulé une offre pour le Su-35 (la piste Su-57 est peu probable, ne serait-ce parce que l'appareil entre tout juste en service dans la flotte des forces aérospatiales russes). L'adoption d'appareils russes nécessiterait, en tout état de cause, un remaniement de la culture technique des forces aériennes turques, au détriment, disent des spécialistes de *think tanks* turcs plutôt pro-occidentaux, de l'efficacité opérationnelle, du moins dans un premier temps.

Recep Tayyip Erdogan a aussi déclaré que si l'expérience S-400 était jugée concluante par la défense antiaérienne turque, la question d'une production conjointe avec transfert de certaines technologies vers la Turquie pourrait être envisagée. Rosoboronexport a, pour sa part (et plus prudemment), jugé envisageable la production sous licence en Turquie de certains éléments du S-400 (source de juillet 2019). L'approche est cohérente avec la démarche stratégique d'Ankara visant à constituer une base industrielle et technologique de défense autonome. Des spécialistes des questions d'armement russes marquent d'ailleurs leur scepticisme quant à l'ampleur d'éventuels nouveaux achats d'armement russe par la Turquie pour cette raison et, avançant qu'il serait impropre de considérer la Turquie comme un simple client potentiel, jugent préférable de lui proposer des partenariats industriels (avec même, potentiellement, des effets d'apprentissage au bénéfice de l'industrie russe sur certains domaines – drones, équipement électronique…). Avant 2015, selon le site de Rostec, des pistes de coopération avaient été envisagées sans que l'on sache très bien si elles ont débouché sur quelque chose de concret (petits aéroglisseurs amphibies et intégration de systèmes d'armes russes sur des plateformes navales turques).

Rosoboronexport a aussi évoqué un possible travail de conception conjoint sur un système antiaérien original, comme Almaz-Anteï l'avait expérimenté avec la Corée du Sud il y a quelques années. Dans le même ordre d'idées, des coopérations sur le modèle du partenariat russo-indien BrahMos (conception d'un missile sur la base d'une technologie russe + financement partagé + projet de commercialisation sur des marchés tiers) ont été évoquées (par exemple, conception d'un avion de lutte anti-sous-marine sur la base de la plateforme russe Il-114, ou encore d'un avion de combat léger fondé sur la plateforme Yak-130, de systèmes pour la lutte contre-terroriste...). Dans l'aéronautique, la production par l'industrie turque de pièces et de composants pour le chasseur Su-35 aurait été discutée. La Russie aurait également proposé à la Turquie des coopérations sur le développement du chasseur turc de cinquième génération TF-X (moteurs, avionique, systèmes de bord, systèmes de survie des pilotes, etc.) – sachant que des coopérations avec des industriels occidentaux, notamment sur les moteurs, avaient été explorées. Dans une interview, Erdogan a dit avoir proposé la coproduction du S-500, une perspective à ce stade peu crédible mais qui confirme la volonté de la Turquie d'acquérir de la compétence sur ce segment stratégique.

Pourtant, quatre ans après la signature de l'emblématique contrat S-400, l'enthousiasme semble être quelque peu retombé. À ce stade, les coopérations d'armement entre les deux pays demeurent très restreintes, et l'affirmation de la Turquie dans l'« étranger proche » de la Russie, y compris dans le domaine de l'armement, ne va probablement pas les faciliter.

Armement et concurrences géopolitiques

La Turquie a testé ses S-400 mais ne les a pas encore utilisés, par exemple dans des exercices. Elle a promis, avant le premier sommet « post-Trump » de l'OTAN (juin 2020), de renvoyer rapidement les techniciens russes présents dans le pays pour l'assister dans leur utilisation, et a proposé à ses alliés de l'OTAN de ne déployer les systèmes que ponctuellement, en cas de menace[6]. Alors que la signature annoncée d'un nouveau contrat pour l'achat de S-400 tarde, tout porte à croire que l'acquisition du système russe représente un mouvement d'humeur destiné à montrer que la Turquie a des alternatives géopolitiques, et à faire monter les enchères dans ses rapports compliqués avec les Occidentaux tout en relançant les discussions sur les coopérations d'armement avec eux. Le tout étant conforme à son intention apparente de rester membre de l'Alliance mais selon des modalités politiques que le régime turc voudrait plus « équilibrées ». Il est du reste probable que les autorités turques aient surestimé la possible résistance de Donald Trump aux sanctions contre la Turquie pour l'achat du S-400, car le président américain avait critiqué l'administration précédente pour sa politique restrictive sur l'éventuelle vente de *Patriot* à la Turquie. Les discussions turco-américaines à ce sujet seraient toujours en cours, et les firmes turques ont continué à produire des pièces pour le programme F-35 (et les Américains à les acheter, au moins jusqu'en 2022).

Une fois ses messages politiques envoyés, la Turquie a en fait assez peu de raisons d'aller beaucoup plus loin dans le partenariat d'armement avec la Russie, d'autant que dans le débat interne, si l'achat du S-400 a souvent été salué comme une marque d'indépendance vis-à-vis de Washington, d'aucuns s'inquiètent déjà de l'accroissement récent de la dépendance du pays à l'énergie russe. Si besoin, la Turquie préférera sans doute travailler avec des partenaires non OTAN, qui sont moins problématiques que la Russie du point de vue de ses ambitions géopolitiques (Syrie, Libye, Caucase) et de sa relation avec l'Alliance. On pense, par exemple, à la Corée du Sud ou... à l'Ukraine. Moscou observe avec la plus grande attention les projets de coopération d'armement turco-ukrainiens (l'ambassadeur d'Ukraine en Turquie parle de plus de cinquante projets conjoints, notamment sur la thématique motoriste), qui cadrent avec le besoin de l'Ukraine de compenser la fin, en 2014, des coopérations avec le complexe industriel de défense russe (et, pour la Turquie, celui de pallier certains effets des sanctions occidentales). Des officiels ukrainiens ont même présenté le modèle de développement de l'industrie d'armement turque comme une source d'inspiration pour la nécessaire réforme de son homologue ukrainienne. Des accords de coopération d'armement ont été signés en 2019 (achat de drones de combat *Bayraktar* TB2) et 2020 (avec notamment un accord prévoyant la production conjointe, avec transferts de technologie, de corvettes et de drones, qui serviront principalement, dit Kiev, à assurer la stabilité en mers d'Azov et Noire). L'armée ukrainienne doit aussi acquérir de l'équipement de communication produit par la firme Aselsan. De son côté, la Turquie est très intéressée à se procurer différents types de moteurs ukrainiens (c'est déjà le cas des moteurs de la firme Ivtchenko-Progress pour le drone *Akinci*, dans le cadre d'une *joint-venture* entre Baykar et Oukrspetseksport, baptisée *Black Sea Shield* et établie en 2019 pour la production de matériels destinés aux armées des deux pays – drones, technologies de moteurs, munitions guidées...).

Ces liens déplaisent d'autant plus au Kremlin qu'ils sont présentés de temps à autre par les deux parties comme un appui à l'effort de mise au standard OTAN des équipements de l'armée ukrainienne. Il n'a par ailleurs pas échappé au Kremlin, qui dit suivre de près les évolutions concernant la possible installation d'une base militaire turque en Azerbaïdjan, que les drones turcs fournis à ce dernier, client important du complexe industriel de défense russe, ont constitué pour lui un appui décisif contre l'Arménie, alliée militaire de la Russie. Début 2021, le ministère russe des Affaires étrangères, commentant les accords russo-ukrainiens signés fin 2020, espérait qu'ils n'exerceraient pas une influence négative sur la situation dans le Donbass... Moins d'un an plus tard, l'armée ukrainienne utilisait ses drones *Bayraktar TB2* contre des positions des séparatistes. Dans cet environnement, dont les enjeux sont autrement plus sensibles pour Moscou que les divergences avec Ankara sur la Syrie ou la Libye, on peut supposer qu'il y a des voix, dans le débat interne russe, pour préconiser la prudence dans la poursuite de la coopération d'armement avec la Turquie, membre de l'OTAN (en juillet 2020, Ankara levait son veto sur les plans de défense de la Pologne et des États baltes, après les avoir longtemps bloqués en invoquant le manque de soutien des Alliés face aux « terroristes » kurdes).

Conclusion

Signal fort d'un désir de rééquilibrage des rapports avec les alliés occidentaux, l'achat du S-400 par la Turquie, membre insatisfait de l'OTAN, n'a pas été suivi d'un nouvel élan dans les relations d'armement russo-turques, pas plus d'ailleurs que dans les échanges entre les forces armées des deux pays. Certains escomptaient une telle évolution, qui serait venue comme une conséquence de l'affaiblissement attendu des « pro-Occident » au sein du haut commandement turc après la tentative de coup d'État de 2016. En 2019, il y a bien eu un modeste exercice naval russo-turc en mer Noire, mais l'année suivante, c'est avec l'Égypte que la Russie y tenait un exercice, interprété largement comme une réponse aux menées perçues d'Ankara dans l'« étranger proche » de Moscou.

En Russie, des préventions s'expriment sur la partition plus qu'ambiguë que joue la Turquie, qui reste un membre de l'Alliance ennemie. Pour ancrer Ankara dans une attitude qui serve les intérêts russes (c'est-à-dire défiante envers l'Occident, et « gérable » pour ce qui concerne les équilibres en mer Noire, et, plus largement, l'espace anciennement soviétique, où les ambitions turques semblent s'affirmer), Moscou misera sans doute prioritairement sur le pilier géoéconomique de son action internationale, l'énergie, et sur un affichage de reconnaissance de la légitimité des ambitions de « puissance » de la Turquie (et de son régime) que n'offrent pas spontanément les pays occidentaux.

Au début de l'automne 2021, se déclarant mécontent de l'évolution de sa relation avec les États-Unis sous la présidence Biden, le président Erdogan suggère qu'il entend développer la coopération d'armement avec la Russie ; le possible achat d'une nouvelle série de S-400 est de nouveau évoqué. Compte tenu des nombreux effets d'annonce à ce sujet au cours des cinq dernières années, ces propos, d'ailleurs accueillis avec prudence du côté des spécialistes russes, confirment probablement avant tout que la principale variable d'ajustement du partenariat russo-turc réside dans le positionnement des tiers occidentaux.

Bibliographie sélective

Kasapoglu, Can, « Turkish-Russian Defense Cooperation: Political-Military Scope, Prospects and Limits », *Foreign Policy & Security*, EDAM, Istanbul, avril 2019.

Kramnik, Ilia, « Prodaï oroujie : smogout li Rossiia i Tourtsiia naladit' sotroudnitchestvo » [Vend des armes : la Russie et la Turquie pourront-elles développer une coopération], *Izvestiia*, 27 novembre 2018.

Makienko, Konstantin, « Sdelka s Tourstieï po S-400 – bol'che tchem revolioutsiia » [L'affaire S-400 avec la Turquie, plus qu'une révolution], *Nezavisimaïa Gazeta*, 17 juillet 2019.

Le S-400 et après ?...

MAKIENKO, Konstantin, « Oroujie dlia soultana » [Des armes pour le sultan], *Profil*, 22 juillet 2019.

« Rossiia-Tourtsiia : voenno-tekhnitcheskiï tandem » [Russie-Turquie : un tandem militaro-technique], interview avec l'expert turc Khakkan Kilitch, *Armeïskiï Standart*, 5 novembre 2019.

SETCHKINE, M. A., « Interesy Rossii i Tourtsii v voenno-tekhnitcheskom sotroudnitchestve » [Les intérêts de la Russie et de la Turquie dans la coopération militaro-technique], *Mejdounarodnaïa torgovlia i torgovaïa politika*, vol. 21, n° 1, 2020, p. 156-162.

STEFANOVIC, David, « Turkey's Perennial Strategic Importance and the S-400 Saga », *Fokus*, AIES, octobre 2019.

AYDINTASBAS, Asli et HOSA, Joanna, « West Wishes: Turkey's Growing Relationship with Ukraine », *ECFR Commentary*, 12 mai 2021.

Conclusion générale

Isabelle Facon

Les chapitres de cet ouvrage évoquent une relation russo-turque aléatoire, volatile, souvent tendue, dans laquelle les deux chefs d'État, dont la bonne entente est avérée, s'appellent ou se rencontrent quand la confrontation sur tel ou tel terrain menace de passer le point de non-retour. Il est intéressant de noter que la presse américaine et la presse russe ne disent pas la même chose à ce sujet à la veille de l'entretien Poutine-Erdogan à Sotchi en septembre 2021. Tandis que sur ABC News, on indique qu'Erdogan « regarde vers Poutine après la déception des discussions avec Biden » (24 septembre 2021), de nombreux titres de presse russe reprennent l'idée que « la Russie a été avertie d'une possible trahison d'Erdogan après le sommet à Sotchi » (26 septembre 2021), se référant à l'article d'un analyste géopolitique indépendant, Paul Antonopoulos, qui s'interroge sur le bien-fondé, pour Moscou, de faire confiance à Erdogan, présenté, entre autres, comme l'une des causes principales de la poursuite de la guerre en Syrie. La réunion de Sotchi, qui se déroulera à huis clos, durera trois heures. À l'issue, le président turc remerciera son homologue russe pour l'aide apportée dans la lutte contre les feux de forêt l'été précédent, précisant que c'est dans l'adversité que l'on reconnaît ses amis, et soulignera son intérêt pour davantage de coopérations bilatérales dans l'industrie de défense et le nucléaire. Vladimir Poutine vantera, quant à lui, l'aptitude des responsables russes et turcs à « trouver des compromis profitables aux deux pays ». En parallèle, la Turquie renforcera sa présence militaire à Idlib, amenant des observateurs à s'interroger sur l'effet de la rencontre de Sotchi sur les désaccords russo-turcs toujours vifs sur ce terrain, chacun reprochant à l'autre de n'y avoir pas tenu ses engagements.

Comment faut-il comprendre cette grande ambiguïté des relations tissées entre Moscou et Ankara au cours des dernières années ? De manière assez étonnante, l'impression s'est souvent imposée que la Turquie mène plus ou moins le jeu, mettant la Russie devant des faits accomplis, testant les limites (et les trouvant, parfois). Face à cela, Moscou cherche manifestement à éviter la mutation des incidents en crises majeures. Les propos de Sergueï Lavrov, ministre russe des Affaires étrangères, lors de la conférence de sécurité de Munich de 2020, évoquant les tensions Moscou-Ankara à propos d'Idlib, résument les choses assez bien : « Nous avons de très bonnes relations avec la Turquie. Mais cela ne veut pas dire que nous devons être d'accord sur tout. » Et le politologue russe Fiodor Loukianov de compléter l'analyse, qui n'évoque pas à proprement parler une amitié stratégique sans nuages : « Depuis six ans maintenant, par quelque miracle, il a été possible de ne pas aller à la collision directe. C'est un très grand succès. »

Même si l'on retrouve dans ces discours la proposition de la Russie selon laquelle un ordre international autre que celui proposé par les Occidentaux est possible, fondé sur la recherche du meilleur compromis entre les intérêts des uns et des autres et sur la non-ingérence dans les affaires intérieures, sa patience à l'égard de son partenaire turc surprend. Surtout quand ce dernier revendique un « rôle eurasiatique ». Certes, ce peut être avantageux pour Moscou s'il s'agit de voir la Turquie rejoindre l'Organisation de coopération de Shanghai et s'engager dans un rapprochement stratégique avec la Russie, la Chine et l'Iran au détriment de son partenariat avec les Occidentaux. Mais ce peut aussi ne pas l'être du tout s'il s'agit d'entendre Ankara pousser ses arguments sur son autorité naturelle auprès des peuples turciques dans l'ex-URSS (Caucase, Asie centrale, Russie...) et de subir une concurrence supplémentaire dans cet « étranger proche ». Dans les milieux universitaires, les *think tanks* et la presse russes, certains s'inquiètent de ce qu'Erdogan tende à relancer les « idées panturquistes » et de ce que l'influence de la Turquie se réaffirme dans l'ex-URSS au travers de l'action de la TIKA et d'autres organismes de promotion de la langue et de la culture turques. D'autres, jugeant cette approche un peu datée car pertinente surtout dans les années 1990, se préoccupent davantage de la possible tentation de la Turquie de développer son influence religieuse dans ces espaces. Des journalistes croient même discerner une volonté turque de contribuer, en s'appuyant sur cette même influence culturelle, à la formation d'élites anti-russes au Kazakhstan, ou pointent les risques dont sont porteurs potentiellement les investissements turcs en Moldavie (notamment en Gagaouzie).

Alors que la Russie s'évertue à se faire reconnaître des « intérêts privilégiés » et un rôle prédominant dans l'espace que couvrait l'URSS, quitte à y recourir à la force comme en Géorgie en 2008 et en Ukraine en 2014, le calme relatif dont elle fait montre face aux récents positionnements turcs dans son voisinage interroge. Certes, les autorités russes ont conscience du caractère très transactionnel de la diplomatie turque, qui voit bien l'intérêt de jouer les uns (l'OTAN, les États-Unis, l'UE) contre les autres (la Russie), et vice versa. Elles ressentent aussi les limites de l'implantation de l'influence de la Turquie en Eurasie, par exemple en Asie centrale, où l'on regrette la fermeture des centres Gülen – et la forte pression exercée en ce sens par Ankara. Mais surtout, la réserve relative de la Russie montre l'importance qu'elle attache à certains intérêts stratégiques, dont la réalisation passe par une relation correcte avec Ankara : la fragilisation de l'OTAN, bien sûr, mais aussi sa présence dans l'ensemble mer Noire/Méditerranée. Plus la Turquie s'éloignera des pays occidentaux, plus Moscou aura d'options dans cet espace clé dans lequel, ressent-elle, ses intérêts sont soumis à une pression particulièrement forte. Car si l'annexion de la Crimée a *a priori* limité le risque de transformation de la mer Noire en « lac otanien », que craignait auparavant le Kremlin, et y a nettement renforcé la position stratégique de Moscou, son « rattachement » à la Fédération de Russie n'a été reconnu que par un nombre très limité d'États. Et l'initiative « Plateforme Crimée » de l'Ukraine, dont le premier sommet a eu lieu en août 2021, montre que Kiev n'a pas l'intention de laisser la communauté internationale oublier ce dossier. Par conséquent, Moscou considère qu'il lui faut sanctuariser par tous les moyens la puissance et le rayonnement que lui procure la possession de la péninsule, y compris par l'accès à la Méditerranée. L'essentiel pour la Russie, qui entend ancrer dans le temps long sa suprématie et sa conception de l'architecture de sécurité en mer Noire, est donc de faire en sorte que la Turquie s'y positionne le plus possible comme un acteur neutre, le moins possible comme un membre de l'OTAN. Du reste, jusqu'à présent, et si elle contribue à la « présence avancée adaptée » (*tailored forward presence*) mise en place par l'OTAN en mer Noire après l'annexion, c'est plutôt l'option qu'a prise Ankara, privilégiant la gestion des questions régionales par les riverains (hormis fin 2015, quand, irritée par l'intervention russe en Syrie qui venait bouleverser ses plans régionaux, elle avait réclamé le renforcement de la présence de l'Alliance en mer Noire). La maîtrise par la Turquie des détroits du Bosphore et des Dardanelles aux termes de la Convention de Montreux constitue plus que jamais un enjeu clef pour le Kremlin.

Les Russes savent que le jeu est serré, Washington appréhendant de longue date la Turquie comme un contrepoids important à la Russie (mais aussi à l'Iran) dans des zones clés : Moyen-Orient, Caucase, mer Noire. Dans ce cadre, les Russes observent avec méfiance la relation que la Turquie développe avec la Géorgie et l'Azerbaïdjan[1], mais aussi et surtout celle avec l'Ukraine. Ankara condamne l'annexion de la Crimée et soutient la « Plateforme Crimée », y participant par l'entremise de son ministre des Affaires étrangères. Ankara dit se préoccuper du sort des Tatars de Crimée, quoique le président Erdogan soit soupçonné d'utiliser cette problématique principalement quand il se trouve en position plus ou moins difficile dans le jeu politique interne et qu'il a besoin de mobiliser une cause sensible aux yeux de l'opinion. En septembre 2021, la diplomatie turque dira ne pas reconnaître le résultat du scrutin législatif russe organisé en Crimée, tandis qu'à l'Assemblée générale de l'ONU, à la même période, le président Erdogan réitérera sa position sur l'appartenance de la péninsule à l'Ukraine, ce qui sera interprété comme reflétant un souci de « se faire bien voir » de son homologue américain présent à New York.

Vue de certains à Moscou, la Turquie, sur le dossier ukrainien, reste un membre fidèle de l'Alliance. Lorsqu'au printemps 2021, la Russie a déployé de façon impromptue bon nombre de forces et de matériels militaires en Crimée et à sa frontière avec l'Ukraine, pour avertir les présidents ukrainien et américain, au lendemain de l'élection de Joe Biden, que la Russie entendait être vigilante sur l'évolution de la relation entre Kiev et Washington, Recep Tayyip Erdogan a reçu son homologue ukrainien Zelensky et réitéré son soutien à l'intégrité territoriale de l'Ukraine et à son projet de rejoindre l'OTAN. Les projets d'armement ukraino-turcs se poursuivent[2]. Ils suscitent d'ailleurs des commentaires dans la presse russe, certains se demandant si une alliance n'est pas en train d'émerger dont l'objectif premier serait de contrer l'emprise russe en mers Noire et d'Azov (le narratif ukrainien va d'ailleurs, et naturellement, dans ce sens). Du reste, alors qu'en Russie, on cherche à détecter les signes d'un assouplissement de la position américaine à l'égard de la Turquie, les officiels du Département d'État pensent pouvoir mettre en avant le soutien de cette dernière à la souveraineté de l'Ukraine et de la Géorgie ainsi qu'à leur accession à l'OTAN parmi les sujets de convergence stratégique turco-américaine. Pourtant, des experts russes, mais aussi occidentaux, estiment que les autorités turques considèrent, au fond et au-delà de l'affichage, que le dossier Crimée est bel et bien tranché. En poussant leurs pions dans le Caucase (à la faveur du conflit du Karabakh) et en Ukraine, elles viseraient à rappeler l'importance et l'utilité de la présence de leur pays dans l'OTAN, ce dans le souci bien compris de se positionner au mieux dans une négociation avec les Alliés où elles escomptent une meilleure prise en compte de leurs préoccupations de sécurité et une attitude plus compréhensive sur les leviers qu'elles entendent actionner pour les traiter. D'autres rappelleront que le gazoduc *TurkStream* ne constitue pas un geste très amical envers Kiev, puisque, à l'instar du *Nord Stream*, il permet à la Russie de limiter son transit de gaz vers l'Europe *via* le territoire ukrainien. Début 2022, sur fond de forte pression militaire russe à la frontière avec l'Ukraine, l'ambivalence de l'approche turque à l'égard de ce pays était toujours perceptible. Tout en signant avec lui un accord de libre-échange en février et en proposant de faire œuvre de médiation entre Moscou et Kiev, le gouvernement turc n'a semble-t-il pas cherché à inscrire directement sa réponse diplomatique dans celle de la communauté euro-atlantique.

Compte tenu de l'envergure des enjeux stratégiques qui l'animent dans son positionnement vis-à-vis de la Turquie, Moscou s'applique à cultiver la dépendance de cette dernière à son égard (gaz, nucléaire, tourisme, équipements militaires stratégiques – même si là, les résultats ne sont à ce stade guère concluants). Sur les terrains compliqués, le Kremlin cherche à maintenir une entente *a minima*. D'une part, certains en Russie analysent le développement de la relation ukraino-turque comme une réplique d'Ankara aux menées russes en Syrie et en Libye, terrains présentés comme encore plus stratégiques pour la Turquie que pour la Russie. D'autre part, Moscou sait qu'elle n'a guère intérêt à trop bien incarner la menace qui pourrait amener la Turquie à ressentir plus fortement sa dépendance sécuritaire à l'égard de l'OTAN[3] (dont Ankara doute cependant des garanties de sécurité, en conséquence de quoi elle estime peut-être qu'il est plus sûr de gérer la résurgence russe par ses propres voies et moyens). Le tout en envoyant les signaux dissuasifs voulus, comme autant de garde-fous face à l'imprévisibilité turque (avec par exemple, en janvier 2021, des exercices conjoints des marines russe et égyptienne en mer Noire, ou la suspension, officiellement en raison de la pandémie de Covid-19, jusqu'à fin juin 2021 des liaisons aériennes vers la Turquie au moment de la visite de Volodymyr Zelensky à Istanbul).

Surtout, pour le Kremlin, il faut faire en sorte de donner le sentiment d'offrir à la Turquie ce que les pays occidentaux ne lui offrent pas. La sous-secrétaire d'État américaine Victoria Nuland déclarait, en juillet 2021 : « Je pense qu'il y a une occasion [de distendre le lien russo-turc abîmé par le Karabakh et la Libye] si nous continuons à être dans le dialogue avec nos alliés turcs afin de les ramener à une plus grande proximité avec nous. Mais il y a beaucoup de travail à faire. » Le secrétaire général de l'OTAN, Jens Stoltenberg, a suggéré pour sa part que les contributions de la Turquie à l'Alliance étaient bien plus importantes que les tensions autour des S-400 et des F-35... Mais on croit pouvoir constater, à Moscou, que les Occidentaux, tout en cherchant à maintenir Ankara dans le « bon camp », ne sont pas pour autant prêts à céder sur tous les enjeux (voir la reconnaissance, en avril 2021, du génocide des Arméniens par le président Biden, le refus d'extrader Fethullah Gülen, le maintien du soutien aux Kurdes, etc.). Ils sont de plus gênés dans leurs initiatives vis-à-vis de la Turquie par la question des droits de l'homme et des libertés politiques mais aussi par leurs divisions internes, divisions dont le Kremlin pense, sur ce dossier comme sur d'autres, qu'elles font son jeu en les empêchant d'agir vite et bien - en l'occurrence de faire un choix stratégique décisif pour réancrer la Turquie dans le camp euro-atlantique. Les capitales occidentales ne sont pas non plus prêtes à appuyer toutes les ambitions internationales d'Ankara, et sur certains enjeux (Libye par exemple), la Turquie considère que leurs initiatives ne prennent pas suffisamment en compte ses intérêts, voire leur sont contraires. Sans doute influencés par la grille de lecture qu'ils appliquent à la politique américaine à leur égard, les Russes ressentent que les alliés occidentaux de la Turquie ne veulent pas admettre qu'elle défende son propre jeu, ses propres intérêts, et espèrent pouvoir jouer sur la frustration qui en découle - frustration qui fait écho à différents épisodes historiques lointains ou récents où la Turquie a pu se sentir négligée ou trompée par les Occidentaux.

Ainsi, fait mine de s'interroger un politologue russe, les États-Unis pourront-ils proposer à la Turquie un effet d'« ascenseur social » dans les relations internationales équivalent à ce que la Russie peut lui offrir[4] ? Sans doute la Russie pense-t-elle qu'il est préférable de laisser la Turquie prendre des initiatives, même sur les terrains de rivalité, pour, en quelque sorte, flatter son ego et lui permettre de « vendre » son importance internationale (ce que Moscou peut faire dans la relative confiance que lui procure la supériorité de son appareil de puissance, mobilisable pour freiner les plans turcs quand ils deviennent trop contrariants). Même en Eurasie, tant que les interventions d'Ankara se réalisent hors d'une coordination avec les Occidentaux (il est intéressant de noter ici que la Russie, la Turquie, et l'Iran ont proposé des formats « 3+3 » les réunissant avec les trois pays du Caucase en vue de gérer les problèmes de sécurité et économiques régionaux, une perspective que rejette la Géorgie précisément parce que les Occidentaux en sont exclus)... C'est peut-être ce facteur qui explique que même sur les terrains où, objectivement, ils sont opposés, les deux acteurs parviennent à s'entendre sur la volonté de marginaliser les Occidentaux et s'appliquent à profiter du désengagement américain là où il est observable.

Et au pire, pense-t-on probablement à Moscou, en admettant que la relation avec l'Ukraine soit vue par Ankara comme un levier de pression et de négociation avec à la fois la Russie et les pays occidentaux, la première, que les jeux géopolitiques complexes ne rebutent guère, estime qu'elle saura mieux en gérer les risques que les seconds.

Le pari est cependant aléatoire. Car les objectifs et la motivation des deux parties sont asymétriques. Moscou vise le temps long, et comme a pu le dire l'ambassadeur de France en Russie, elle « cherche à maximiser son influence pour essayer d'établir un condominium russo-turc » susceptible d'élargir ses marges de manœuvre dans des zones qui lui sont chères[5]. La Turquie, elle, se situe davantage dans une logique transactionnelle, où il s'agit de jouer les uns contre les autres pour renforcer sa main géopolitique, ce qui dicte un agenda beaucoup plus fluide et aléatoire, intégrant de surcroît les problématiques de politique intérieure. C'est pourquoi des experts russes déplorent l'imprévisibilité de la Turquie, avertissant que sa politique étrangère pourrait changer du jour au lendemain en fonction des succès dont son président peut avoir besoin vis-à-vis de son opinion, succès qu'il ne peut obtenir que sur la scène internationale en manifestant son indépendance à l'égard des grands de ce monde, Russie comprise... L'attitude de l'Occident, malgré une évolution de l'ordre international qui ne lui est guère favorable, reste donc un facteur clé du devenir de la convergence actuelle entre Moscou et Ankara. On n'oubliera pas, dans ce cadre, la spectaculaire progression des rapports Chine-Russie au cours de la dernière décennie, sous l'effet de la perception commune à ces deux puissances d'être soumises à une forte pression américaine...

Bibliographie sélective

Antonopoulos, Paul, « Putin Is Unlikely to Trust Erdogan Despite Western Pressure Mounting on Turkey », BRICS Information Portal, 25 septembre 2021, en ligne : https://infobrics.org/post/34222.

Russie-Turquie

ÇELIKPALA, Mitat et MARCOU, Jean, « Regard sur les relations turco-russes. De la rivalité dans un monde bipolaire à la coopération dans un monde eurasiatique ? », *Les Dossiers de l'IFEA* (série « La Turquie d'aujourd'hui »), n° 27, avril 2020.

DALAY, Galip, « Turkey's Geopolitical and Ideological Eurasianism and its Relations with Russia », German Marshall Fund, 21 septembre 2021, en ligne : gmfus.org.

ERGIN, Sedat, « US' Messages to Keep Turkey Away from Russia », *Daily News*, 29 juillet 2021, en ligne : www.hurriyetdailynews.com.

KIRIŞCI, Kemal, « Can the Russia-Ukraine crisis offer an opportunity to re-anchor Turkey in NATO? », Brookings, 16 février 2022 – https://www.brookings.edu/blog/order-from-chaos/2022/02/16/can-the-russia-ukraine-crisis-offer-an-opportunity-to-re-anchor-turkey-in-nato/

TELMANOV, Denis, « Putin and Erdogan Never Meet to Just Shake Hands », *The Frontier Post*, 22 septembre 2021.

YEGIN, Mehmet, « Turkey between NATO and Russia: The Failed Balance », *SWP Comment*, n° 30, juin 2019.

Notes

Introduction

1. TOC, « Powerful Russian Bombing of Terrorist Camps Preparing for the Nagorno-Karabakh War », bulgarianmilitary.com, 14 octobre 2020.
2. La Russie de Boris Eltsine avait refusé d'accorder l'asile politique à Abdullah Öcalan, leader du PKK.
3. C'est, pour chacun des deux chefs d'État, davantage de contacts qu'avec n'importe quel autre homologue étranger sur la même période (RIA Novosti, 30 septembre 2021).
4. Marianna Belenkaïa, « Roussko-touretskaïa oba-na », *Kommersant'*, 29 décembre 2020.
5. Josep Borrell, « Quelle politique étrangère européenne à l'heure du Covid-19 ? », *Le Grand Continent*, 14 décembre 2020.

Chapitre 1. Russes et Turcs, les meilleurs ennemis ? (1)

1. Constantin de Grunwald, « Russie et Turquie », *Le Monde diplomatique*, mars 1958.
2. 1514 (victoire ottomane à la bataille de Tchaldiran), 1532-1555 (paix d'Amasya, 1555), 1578-1590, 1603-1618, 1623-1639 (paix de Zuhab, 1639), 1730-1735, 1743-1746, 1775-1776, 1821-1823.
3. 1722-1723 (paix de Saint-Pétersbourg, 1723), 1796, 1804-1813 (traité de Gulistan, 1813), 1826-1828 (traité de Turkmentchaï, mars 1828).

4. 1570-1578 (campagne d'Astrakhan, 1676-1681, 1683-1700 (coalition russo-austro-vénitienne), 1710-1711, 1735-1739 (coalition austro-russe), 1768-1774, 1787-1792 (coalition austro-russe), 1806-1812, 1828-1829, 1853-1856 (guerre de Crimée), 1877-1878, 1914-1918 (guerre mondiale), 1946-1991 (guerre froide).
5. C'est aussi le cas pour les îles d'Aaland relevant du grand-duché de Finlande, sous tutelle russe, en mer Baltique.
6. Cité par Winfried Baumgart, « Bismarck et la crise d'Orient de 1875 à 1878 », *Revue d'histoire moderne et contemporaine*, 27/1, janvier-mars 1980, p. 104-108.

Chapitre 2. Russes et Turcs, les meilleurs ennemis ? (2)

1. Articles 5 et 6 du traité de Constantinople du 13 juin 1700 (*Recueil d'actes internationaux de l'Empire ottoman*, édité par Gabriel Noradounghian, « conseiller légiste de la Porte ottomane », t. I, Paris-Leipzig-Neuchâtel, Librairie Cotillon-F. Pichon-Breitkoff et Haertel-Attingen Frères, 1897, p. 198-199).
2. Pour le texte complet du traité, voir *Ibid.*, p. 320-334 et p. 338-344.
3. Voir Gabriel Noradounghian, *op. cit.*, t. III, 1902, p. 400-497 et p. 509-522 ; t. IV, 1903, p. 1-194 (pour le détail des séances du congrès de Berlin et le texte du traité).
4. Déclaration du ministère turc des Affaires étrangères : https://www.mfa.gov.tr/no_-104_-turkiye-buyuk-millet-meclisi-huk%C3%BBmeti-ile-rusya-sovyet-federatif-sosyalist-cumhuriyeti-arasinda-imzalanan-dostluk-ve-kardeslik-antlasmasinin-100-yildonumu-hk.fr.mfa. Une analyse arménienne : http://abakanews.org/opinions-and-editorials/la-russie-et-la-turquie-celebrent-le-centenaire-du-traite-de-moscou-avec-du-sang-armenien/.

Chapitre 3. Ankara et la Russie : une intrigue qui met l'Occident sous pression

1. Dorothée Schmid, « Ankara est en train de devenir le vassal implicite de Moscou » (interview), *Le Monde*, 23 septembre 2016.
2. Fabrice Wolf, « La Russie et la Turquie plus antagonistes que jamais », *Méta-Défense*, 16 juillet 2020.
3. Luis Lema, « Turquie et Russie dessinent le monde de demain », *Le Temps*, 10 novembre 2020.

Chapitre 5. De spectateurs à décideurs : comment Ankara et Moscou ont remodelé le conflit libyen

1. Ce chapitre s'appuie sur la publication de l'auteur « Turkish-Russian Relations in Light of Recent Conflicts. Syria, Libya, and Nagorno-Karabakh » (août 2021) citée dans la section bibliographique.
2. Le projet de loi bipartisan pour l'*East Med Act* (*Eastern Mediterranean Security and Energy Partnership of 2019*), déposé conjointement par les sénateurs Robert Menendez (démocrate du New Jersey) et Marco Rubio (républicain de Floride), a été approuvé par le Sénat et promulgué par le président américain Donald Trump dans le cadre du *National Defense Authorization Act* (NDAA) pour 2020. Ce projet de loi engage les États-Unis à soutenir l'architecture énergétique et sécuritaire émergente en Méditerranée orientale.
3. Emrah Kekilli, « Palermo Konferansı'ndan Türkiye heyeti neden döndü ? » [Pourquoi la délégation turque s'est-elle retirée de la conférence de Palerme ?], *Sabah*, 17 novembre 2019 (*Sabah* est un quotidien pro-gouvernemental).
4. La Russie déploie des avions de chasse militaires en Libye », *U.S. Africa Command Public Affairs*, 26 mai 2020, en ligne : https://www.africom.mil/pressrelease/32887/russia-deploys-military-fighter-aircraft-to-l (consulté le 12 novembre 2020).

Chapitre 6. Le repositionnement de la Turquie en mer Noire face à la Russie

1. Tel celui d'Ovit - d'une longueur de 14,3 kilomètres -, qui, ouvert depuis novembre 2017, a bouleversé les relations entre Trabzon et Erzurum.
2. *CSIS Commentary*, 13 février 2018.
3. Le nouvelle « coordination » russo-turque mise en place après la « guerre des 44 Jours » entre l'Arménie et l'Azerbaïdjan (27 septembre-10 novembre 2020) a ajouté une dimension à cette relation complexe de dépendance asymétrique, que la dernière rencontre Poutine/Erdogan de Sotchi le 29 octobre 2021 a confirmée (voir Borzou Daragahi « La Turquie et la Russie savent jouer de ce monde périlleux où il n'existe plus d'alliés stables » (en turc), *Independent*, 5 octobre 2021, en ligne : https://www.indyturk.com/node/419801/yazarlar/t%C3%BCrkiye-ve-rusya-sabit-m%C3%BCttefiklerin-olmad%C4%B1%C4%9F%C4%B1-tehlikeli-d%C3%BCnyadan-istifade). Mais la victoire azerbaïdjanaise offre l'opportunité à la Turquie d'esquisser un nouveau corridor routier (Asie centrale/Azerbaïdjan/Nakhitchevan) lui permettant de mieux négocier avec la Russie le corridor « Russie/Géorgie » qui a connu une nouvelle crise tarifaire en avril 2021.

Chapitre 9. La coopération énergétique russo-turque : relation désirée, relation subie

1. Le *Trans-Anatolian Pipeline* (TANAP) est un gazoduc partiellement construit à travers le projet du Corridor sud-européen de la Commission européenne lancé en 2008, afin de contourner le territoire russe par le sud, en vue de créer de nouvelles voies gazières pour l'approvisionnement de la Grèce et des Balkans.

Chapitre 10. Au-delà de l'énergie : les relations économiques turco-russes

1. Cet article s'appuie sur des recherches originales menées pour un rapport EDAM soutenu par la Fondation Chrest, « The Economic Dimensions of Turkey-Russia Relations ». La coopération inestimable de B. Gökçe Uçar, qui doit être crédité en tant que coauteur, est à l'origine, entre autres, des données fournies dans cet article.
2. Paul Benjamin Osterlund, « Istanbul's Storied "Suitcase Trade" with Ex-USSR Remains Resilient Despite Downturn », 9 août 2018, en ligne : eurasianet.org.

Chapitre 11. Le S-400 et après ? Les limites du partenariat d'armement et de défense russo-turc

1. Tass, 25 juillet 2019.
2. Déclaration de la Maison-Blanche après la livraison des premiers éléments du contrat en juillet 2019 : « Le F-35 ne peut coexister avec une plateforme russe de collecte d'informations qui sera utilisée pour obtenir des informations sur ses capacités avancées » (la Turquie, qui était partenaire du programme F-35, devait acheter cent unités de cet avion de combat).
3. « US, Germany to Pull Patriot Missiles from Turkey », VOA News, 16 août 2015.
4. Konstantin Makienko, directeur adjoint du CAST, *think tank* russe spécialisé sur les questions de défense et d'armement, cité *in* « Russia, Turkey Can Launch Full-Scale Arms Trade », *Russia's Defense and Technologies Newswire*, 28 novembre 2018.
5. Le S-400 requiert la protection de systèmes antiaériens de plus courte portée – en particulier le système Pantsir, assez populaire à l'export, dont la presse a beaucoup parlé comme possible acquisition future par les forces turques.

6. Umut Uras, « Analysis: Turkey's New S-400 Proposal Offers Olive Branch to US », Al-Jazeera, 10 février 2021, en ligne : www.aljazeera.com.

Conclusion générale

1. En juin 2021, la Turquie et l'Azerbaïdjan semblaient franchir un nouveau cap dans leur relation après le conflit du Haut-Karabakh en signant une déclaration sur une relation d'alliance.
2. Début 2021, Maria Zakharova, porte-parole du ministère russe des Affaires étrangères, a dit espérer que les coopérations militaro-techniques entre l'Ukraine et la Turquie annoncées fin 2020 n'exerceront pas une influence négative sur la situation dans le Donbass (TASS, 28 janvier 2021).
3. Certaines analyses mettent l'accent sur l'« *alliance dependence* » de la Turquie à l'égard de l'OTAN, considérant qu'elle se nourrit du caractère volatil de son environnement stratégique, marqué entre autres par les risques liés à la Russie ; l'appartenance à l'OTAN, dans cette perspective, réduit le danger, pour Ankara, d'être dominée par la Russie (Yegin).
4. Cité *in* Marianna Belenkaïa, « Roussko-touretskaïa oba-na », *Kommersant'*, 29 décembre 2020.
5. Audition de l'ambassadeur Pierre Lévy, Commission des Affaires étrangères, de la Défense et des Forces armées, Sénat, 3 juin 2020.

Association France-Eurasie

L'Association France-Eurasie (AFE) est une association régie par la loi du 1er juillet 1901. Elle a été créée le 10 octobre 2017 et enregistrée auprès de la Préfecture de Paris. L'AFE a pour objet de promouvoir les intérêts de la France en Eurasie, de favoriser le monde des connaissances entre la société française et l'espace eurasien par le biais de rencontres, de conférences, de publications et de voyages d'études en Eurasie. Elle se compose de hauts fonctionnaires, de chercheurs et d'entrepreneurs français. Son siège est à Paris. Pour entrer en contact avec l'AFE, merci d'écrire à : assofranceeurasie@gmail.com.

Conseil scientifique

Bertrand Badie, professeur émérite des universités à Sciences Po Paris.

Bayram Balci, chercheur au Centre de recherches internationales (CERI)-Sciences Po Paris et directeur de l'Institut français d'études anatoliennes (IFEA) à Istanbul.

Hamit Bozarslan, directeur d'études à l'École des hautes études en sciences sociales (EHESS).

Gérard CHALIAND, spécialiste des guerres irrégulières.

Frédéric CHARILLON, professeur des universités en science politique à l'université Clermont Auvergne.

Jean-Claude COUSSERAN, ancien ambassadeur et ancien directeur de la Direction générale de la Sécurité extérieure (DGSE).

Françoise DAUCÉ, directrice d'études et directrice du Centre d'études des mondes russe, caucasien et centre-européen (CERCEC).

Michel DUCLOS, ancien ambassadeur et conseiller spécial à l'Institut Montaigne.

Edhem ELDEM, chaire internationale d'histoire turque et ottomane au Collège de France.

Michel FOUCHER, ancien ambassadeur, géographe et titulaire de la chaire de géopolitique appliquée au Collège d'études mondiales.

Farhad KHOSROKHAVAR, directeur d'études retraité à l'EHESS et directeur de l'Observatoire de la radicalisation à la Maison des Sciences de l'Homme à Paris.

Christian LEQUESNE, professeur à Sciences Po Paris et ancien directeur du CERI.

Claire MOURADIAN, directrice de recherche émérite au Centre national de la recherche scientifique (CNRS) et au CERCEC.

François NICOULLAUD (+), ancien ambassadeur.

Valérie NIQUET, directrice du pôle Asie à la Fondation pour la recherche stratégique (FRS).

Jean RADVANYI, professeur émérite à l'Institut national des langues et civilisations orientales (INALCO).

Frédéric RAMEL, professeur à Sciences Po Paris.

Pierre GROSSER, historien au Centre d'histoire de Sciences Po Paris.

Jean-Vincent HOLEINDRE, professeur de science politique à l'université Paris II Panthéon-Assas et directeur scientifique de l'Institut de recherche stratégique de l'École militaire (IRSEM).

Alexandra DE HOOP SHEFFER, politologue, directrice de la recherche et directrice du bureau de Paris du German Marshall Fund of the United States.

Thierry KELLNER, maître de conférences au Département de science politique de l'Université libre de Bruxelles (ULB).

Gaïdz MINASSIAN, journaliste au *Monde*, politiste et enseignant à Sciences Po Paris.

Marion MOREAU, journaliste, spécialiste des nouvelles technologies, géopolitique du numérique et responsable de l'émission Hors-normes,

Ioulia SHUKAN, maîtresse de conférences en études slaves à l'université Paris Nanterre et chercheuse à l'Institut des sciences sociales du politique (ISP).

Clément THERME, chercheur post-doctorant au sein de l'équipe « Savoirs nucléaires » du CERI.

Biographie des auteurs

Isabelle Facon est directrice adjointe de la Fondation pour la recherche stratégique. Spécialiste des politiques étrangère et de défense russes, elle dirige le séminaire « Géopolitique de l'Eurasie » à l'École polytechnique. Son dernier ouvrage : *La nouvelle armée russe*, « Les carnets de l'observatoire », L'inventaire, 2021.

Claire Mouradian est directrice de recherche émérite au CNRS, au Centre d'études des mondes russe, caucasien et centre-européen (CERCEC, UMR 8083, CNRS-EHESS). Elle dirige un séminaire sur « Le Caucase entre les empires » à l'EHESS et collabore à la publication des *Documents diplomatiques français* (série Deuxième Guerre, dir. André Kaspi). Elle est notamment l'auteur de *L'Arménie*, Paris, PUF, Que-sais-je n° 851, 2022 (6e édition), a co-dirigé avec Mohammad-Reza Djalili le dossier « Entre mer Noire et Caspienne », espaces de guerre, espaces de paix de la revue *Relations Internationales*, n° 187, 2021, et prépare avec Cloé Drieu et Alexandre Toumarkine un ouvrage collectif sur le front caucasien de la Première Guerre, à paraître chez CNRS Éditions.

Dorothée Schmid, diplômée de Sciences Po-Paris et docteur en sciences politiques de l'université Paris-II, a rejoint l'Institut français des relations internationales en 2002 après avoir travaillé comme analyste risques pays au Crédit Agricole. Elle a fondé le programme Turquie de l'Ifri en 2008 et dirige le programme Moyen-Orient depuis 2015. Elle a dirigé *La Turquie au Moyen-Orient : une puissance régionale ?* (CNRS Éditions, 2011) et publié *La Turquie en cent questions* (Tallandier, nouvelle édition 2019).

Igor DELANOË est directeur adjoint de l'Observatoire franco-russe et docteur en histoire.

Galip DALAY est un *fellow* du Centre d'études appliquées sur la Turquie (Centre for Applied Turkey Studies) de la Stiftung Wissenschaft und Politik (SWP, Berlin).

Jean-François PÉROUSE est maître de conférences (HDR) à l'université de Toulouse Jean-Jaurès. Ancien pensionnaire scientifique (études contemporaines) et ancien directeur de l'Institut français d'études anatoliennes (IFEA/Istanbul), membre du comité de rédaction de la revue *European Journal of Turkish Studies* et de la revue *Cybergéo*. Il est l'auteur de *La Turquie en marche. Les mutations depuis 1980* (La Martinière, 2004), de *Erdogan. Nouveau père de la Turquie ?* (François Bourin, 2016 ; avec la collaboration de Nicolas Cheviron) et de *Istanbul-Planète. La capitale mondiale du XXIe siècle* (La Découverte, 2017).

Gaïdz MINASSIAN, docteur en sciences politiques, est journaliste au *Monde*. Enseignant à Sciences Po et expert international associé au CERI, il travaille essentiellement sur la résolution des conflits dans l'espace post-soviétique. Il est l'auteur de plusieurs ouvrages, dont le plus récent : *Les Sentiers de la victoire. Peut-on encore gagner une guerre ?* (Passés Composés, 2020).

Bayram BALCI, chercheur au CERI-Sciences Po, est diplômé en sciences politiques et civilisation arabo-islamique des Instituts d'études politiques de Grenoble et d'Aix-en Provence. Ancien directeur de l'Institut français d'études sur l'Asie centrale à Tachkent (IFEAC), il est depuis le 1er septembre 2017 directeur de l'Institut français d'études anatoliennes (IFEA, Istanbul).

Nicolas MAZZUCCHI est chargé de recherche à la Fondation pour la recherche stratégique, en charge des questions énergétiques, matières premières et cyber. Docteur en géographie économique, il est également conseiller scientifique de Futuribles International, auditeur de la 25e promotion de l'École de guerre et intervenant auprès de l'enseignement militaire supérieur. Nicolas Mazzucchi est coauteur de *Gagner les cyberconflits* (Economica, 2015) et auteur de *Énergie, ressources, technologies et enjeux de pouvoir* (Armand Colin, 2017).

Soli ÖZEL est maître de conférences à l'université Kadir-Has d'Istanbul. Il écrit pour *T24, DuvarEnglish* et *Yetkin Report* ainsi que pour le blog de l'Institut Montaigne. Il est membre du Conseil européen des relations étrangères.

Table des matières

Composition et mise en pages
Nord Compo à Villeneuve-d'Ascq

Achevé d'imprimer en mars 2022
sur les presses de Normandie Roto Impression s.a.s.
61250 Lonrai
N° d'impression : 2200628

Imprimé en France

PEFC
10-31-2541
Certifié PEFC
Ce produit est issu de forêts gérées durablement et de sources contrôlées
www.pefc-france.org